L

de Saint-Gervais

Voy. *Oberthür*.

PROMENADE

AU MONASTÈRE

DE LA TRAPPE.

PROMENADE

AU MONASTÈRE

DE LA TRAPPE,

AVEC LE PLAN FIGURÉ.

Seigneur préservez-les de leur
propre fureur.

Psaumes.

PARIS,

CHEZ LES MARCHANDS DE NOUVEAUTÉS.

1822.

TABLE
DES CHAPITRES.

FIN DE LA TABLE.

INDICATIONS

DU

PLAN DE LA TRAPPE.

A. Principale entrée.

B. Petite porte à guichet.

C. Bâtiment dans lequel a été construite l'Eglise.

D. Partie latérale du même bâtiment où sont les dortoirs.

E. Ancien logement du duc de Penthièvre, où sont maintenant les cuisines, réfectoires, cabinets de réflexion, l'oratoire, etc.

F. Ruines de l'ancienne Trappe.

G. Superbe bâtiment où étaient les cellules, détruit pendant la révolution.

H. Emplacement du tombeau de l'abbé de Rancé.

I. Ateliers de charronnage, menuiserie, et autres.

suffi pour qu'il consentît à le livrer à l'impression, si des circonstances d'un plus haut intérêt n'eussent, en quelque sorte, rendu sa publication nécessaire en ce moment.

L'ordre de la Trappe, fondé par Saint-Bernard et Saint-Benoît, étant tombé dans le relâchement, fut réformé en 1663, par l'abbé de Rancé.

Cette réforme déjà si sévère et dont les austérités effrayèrent le monde entier, se conserva dans toute sa pureté jusqu'à la révolution; époque où les religieux, chassés de France, se retirèrent à la *Val-Sainte*, près de Fribourg, en Suisse.

Leur supérieur, non content de sauver ainsi les débris de son monastère et de le rétablir dans un pays tranquille, se sentit animé du désir de marcher sur les traces des Saint-Bernard, des Saint-Benoît, des Rancé, et de figurer à son tour parmi les réformateurs.

Une règle nouvelle fut substituée à l'ancienne ; elle fut proposée aux différentes maisons de Trappistes, établies en Europe et dans le Nouveau-Monde. Mais il fut bientôt reconnu que cette réforme, encore infiniment plus sévère que l'ancienne, était impraticable; qu'elle était également contraire à l'humanité, à la raison et à la vraie piété; que le nombre de ses victimes devenait de jour en jour plus effrayant; qu'il était impossible d'en supporter les austérités pendant plusieurs mois de suite, sans provoquer des maladies et une mort douloureuse et prompte, et qu'enfin le simple bon sens devait faire justice de cette œuvre d'orgueil et d'ambition, jusqu'à ce que les gouvernemens, prenant connaissance des maux inouïs qu'elle occasionnait, intervinssent pour y mettre un terme.

En effet, plusieurs couvens de Trappistes, hommes et femmes, refusèrent d'admettre la nouvelle règle et s'opposèrent formellement aux ordres du réformateur. Un schisme scandaleux s'éleva entre ces différentes maisons; les autorités civiles et ecclésiastiques intervinrent; l'affaire fut portée en cour de Rome, et le réformateur imprudent , après avoir été censuré, vient d'abandonner inopinément l'établissement qu'il avait formé dans l'ancienne maison de la Trappe , et de fuir à la tête des couvens d'hommes et de femmes qui s'étaient rassemblés sous ses yeux et par ses soins.

Tels sont, en substance, les faits que l'on développe dans ce petit ouvrage , qui, comme on le voit, renferme des considérations d'un plus haut intérêt que son titre ne semblait l'indiquer d'abord.

C'est la cause de la raison , c'est celle de l'humanité , c'est celle de la religion elle-même , que l'on prétend plaider ici contre des innovations ridicules et cruelles, créées évidemment par un esprit d'ambition. de célébrité , de singularité , ou par un fanatisme aveugle qui semble trouver sa joie dans le nombre et les souffrances de ses victimes.

L'ordre des Trappistes existait depuis des siècles. Ses austérités égales, à ce que les

Faquirs de l'Inde, à ce que les initiations de l'Égypte, à ce que les mystères de la Thébaïde offrent de plus effrayant, étaient assurément bien suffisantes pour ceux qui craignent de ne pouvoir trouver leur salut que dans les macérations et les pénitences.

C'est le rétablissement de cet ordre tel qu'il était, que nous demandons. Des centaines de religieux des deux sexes, recouverts de la haire et du cilice, le visage pâle et décharné, s'unissent à nous pour réclamer le maintien de la règle de l'abbé de Rancé, et protestent avec nous contre des innovations qui abrégeant trop promptement leurs jours, déjà si péniblement remplis, ne leur permettraient peut-être pas de prolonger leur misérable existence, le temps nécessaire pour achever leur salut.

L'apparence de légèreté, ni la forme assez négligée de ce petit ouvrage, ne sauraient tromper les lecteurs capables de quelque attention sur l'intérêt, le piquant et l'importance des faits qu'il renferme ; non plus que sur les intentions louables et les sentimens qui y sont exprimés.

Si la malignité trouve à s'y exercer, du moins saura-t-elle distinguer le fait sur lequel elle fera tomber sa critique de l'esprit dans lequel il est rapporté, et reconnaître la nécessité qu'il y avait en ce moment, de signaler à l'attention du public et surtout à celle du gouvernement, les monstrueux abus dans lesquels est tombée cette institution.

Ce n'est donc point, nous le répétons, *contre* la Trappe que l'on écrit, c'est *pour* la Trappe; mais telle qu'elle était autrefois, et non telle qu'on veut la rendre de nos jours.

Quant à l'exactitude des faits, on sent qu'il eût été difficile de se procurer sur chacun de ceux que signalent les clameurs publiques, des documens officiels ou positifs, aussi, a-t-on pris le plus grand soin d'exprimer sous la forme du doute ou de bruits plus ou moins répandus, tous ceux dont il n'eût pas été facile, en ce moment, d'administrer la preuve authentique.

Toutefois, on peut assurer que s'il est

échappé quelques erreurs, elles ont été commises sans intention et surtout sans malignité, et l'on s'empressera de les rectifier si cela est nécessaire.

Ce serait une fausseté que d'affirmer ici que nous regardons la Trappe comme une institution utile; assurément il serait à désirer que ceux qui croient nécessaire d'aller s'y renfermer pour travailler à leur salut, fussent assez vrais croyans, assez honnêtes gens, assez bons citoyens, pour oser rester dans le monde et y pratiquer les vertus de la société; assez courageux pour y faire marcher de front les devoirs du ciel et ceux de la terre.

La Trappe est une maison de pénitence, de macérations et de tourmens, qui fuit la société, qui s'en sépare, qui la hait, qui la méprise, et à qui la société doit peu d'égards.

Cependant elle existe; des centaines d'individus y trouvent ou croient y trouver leur bonheur; les gouvernemens la tolèrent et la soutiennent; les lois la protègent, et sous ce rapport, elle mérite l'attention du philosophe, du moraliste et du législateur.

On verra que les autorités ecclésiastiques et la cour de Rome elle-même, ont fait jusqu'à présent des efforts inutiles pour poser des limites aux excès d'une piété suicide. Peut-être l'opinion publique, la reine du monde, sera-t-elle assez puissante pour obtenir ce résultat, c'est dans cette vue, qu'on en appelle à elle de la résistance scandaleuse opposée par un orgueilleux amour de réformation et de célébrité aux volontés du Saint-Siége, qui, dans cette circonstance, se trouvent d'accord avec l'humanité et la raison.

PROMENADE

AU MONASTÈRE

DE LA TRAPPE.

CHAPITRE PREMIER.

LE DÉPART.

J'avais depuis long-temps un vif désir de voir la Trappe. La grande célébrité de ce monastère, son antiquité, l'extrême sévérité de ses statuts, la réputation presque romanesque de son réformateur, l'abbé de Rancé, l'austérité plus excessive encore, introduite par son chef actuel, le rôle que joue en ce

1

moment en Espagne, l'un des religieux
de cet ordre, à la tête des armées de la
foi, enfin la situation même et l'aspect
sauvage du pays, tout contribuait à pi-
quer de plus en plus ma curiosité. Je me
déterminai à faire ce petit voyage, ou
plutôt cette promenade ; comme l'indi-
que le titre que j'ai pris.

La Trappe est en partie située sur la
commune de Soligny (nom dont l'é-
tymologie paraît être *pays brûlé.*) En
effet, l'on y retrouve de tous côtés des
traces récentes de volcanisation, attes-
tées à la fois, et par les formes tourmentées du terrain, et par la nature des
matières qui le composent.

Son aspect présente un entonnoir
formé par d'assez hautes collines circon-
voisines couvertes de bois. Les eaux
de ces collines se réunissent au centre
et couvrent une partie du plateau où est
bâti le monastère. Elles sont contenues

dans des digues, et forment quatre ou cinq grands étangs qui coupent et entourent les possessions de la Trappe. Ces étangs et une partie des bois qui les surmontent appartiennent ou appartenaient jadis au couvent.

D'après cette disposition du pays, il est aisé de penser combien le séjour de la Trappe est marécageux et malsain.

Vers 1816, la société des Trappistes, qui, pendant la révolution, s'était retirée en Angleterre, vint reprendre possession des ruines de son ancien couvent, ayant à sa tête l'abbé de L***, chef actuel de l'ordre.

Cet abbé compte seize couvens sous sa direction; parmi lesquels il y en a plusieurs de femmes (Trappistines), dont je parlerai.

Le couvent de la Trappe avait été acheté, pendant la révolution, environ vingt-cinq mille francs. On prétend que les moines, à leur retour, ayant le désir de rentrer dans leur ancien manoir, ont amplement dédommagé l'acquéreur des dépenses qu'il y avait faites. Ils ont depuis racheté plusieurs terres qui leur avaient appartenues, et possèdent maintenant pour environ 150,000 francs de biens dans ce canton. Ils font chaque jour de nouvelles acquisitions, et finiront, dit-on, par recouvrer bientôt ainsi successivement toutes leurs propriétés, qui s'élevaient à cinquante ou soixante mille livres de rente.

Ce soin des richesses paraît peu compatible avec l'effrayante austérité de leur vie, qui est maintenant plus sévère qu'elle n'a jamais été. L'ancienne Trappe avait deux cents moines, et recevait au moins six mille étrangers par an. Malgré la grande diminution de leurs revenus, ils ne laissent pas de recevoir encore beaucoup de monde , de faire du bien aux pauvres du pays , et aux étrangers malheureux qui les visitent.

CHAPITRE II.

LA RÉCEPTION.

Après deux heures de marche, en venant de Mortagne, nous arrivâmes en vue du monastère. Le pays très-boisé ne permet pas de l'apercevoir de loin.

L'ancien portail de la Trappe n'a point été détruit comme la plus grande partie des bâtimens qui composaient le monastère. Cette entrée, du reste, ne présente rien de remarquable. C'est une porte cochère, pratiquée dans le mur de clôture de la cour, surmontée d'une petite niche fort simple, où est la statue de la Vierge, sous l'invocation particulière de laquelle est le monastère, et au-dessous l'inscription : *Domus*

Dei. Cette entrée ressemble à beaucoup de ces petites gentilhommières fort communes dans le pays.

Les principaux bâtimens de l'ancienne Trappe ayant été détruits, les moines se logèrent en arrivant dans une partie des bâtimens qu'habitait autrefois le duc de Penthièvre, lors de ses retraites annuelles, et qui ne paraît pas avoir beaucoup souffert de la révolution. Ils ont depuis fait construire de fort beaux dortoirs dans un autre corps de bâtiment.

Nous sonnâmes à la grande porte A (1). Un frère ouvrit d'abord un guichet, et ensuite la porte. Il se signa et mit un genou en terre. Nous lui demandâmes à visiter le couvent. Il nous fit signe de le suivre, de traverser la cour, et nous conduisit à la maison dans un cabinet

(1) Voyez le plan.

de recueillement, nous offrit des siéges, et nous présenta un grand carton où étaient des instructions portant en substance « que l'ordre regardait comme

» une faveur la visite des étrangers ,

» qu'on nous invitait à la décence , à ne

» point interroger les religieux, à ne pas

» les interrompre dans leurs travaux ,

» et qu'on nous priait *très-humblement*

» de ne point nous étonner ou nous

» offenser des usages de la maison. »

Le moine nous salua profondément et se retira. Nous parcourûmes alors les cartons couverts d'images pieuses , d'emblêmes, de prières et de sentences placées aux murs du cabinet. Je copiai celles-ci :

S'il paraît dur de vivre ici , il est bien doux d'y mourir.

Bienheureux ceux qui ont faim, et soif de la justice. St.-Math. chap. 5.

*Mon joug est doux, et mon fardeau
est léger.* Id. chap. 11, vers. 30.

*Le feu éprouve l'or, et la tentation
éprouve l'homme juste,* etc., etc.

Après un quart d'heure de station
dans ce lieu qui, comme on voit, ne
ressemble pas mal à ce que les francs-
maçons appellent le *cabinet des réflexions*, deux pères arrivèrent et nous
firent *la grande réception*. Ils se pros-
ternèrent à nos pieds, le front contre
terre et les mains étendues. Au bout
d'une minute ils se levèrent, firent une
prière en latin, puis ils se retirèrent en
nous saluant profondément et nous faisant signe de nous asseoir.

J'avais cherché avec attention à deviner quelle espèce d'hommes ce pouvait être; mais leur impassibilité, leur
silence, leur modestie, leur affectation
de baisser les yeux, et de ne pas élever

un seul regard sur nous, l'insouciance
marquée qu'ils montrèrent eux-mêmes
de savoir qui nous étions, ne permiren
pas de former la moindre conjecture à
ce sujet.

Seulement je remarquai que l'un
d'eux, âgé d'environ vingt-cinq ans,
avait les joues du plus beau rouge du
monde, et que l'autre âgé d'environ cinquante ans, paraissait également jouir
de la meilleure santé. Dès lors, je con-
çus un soupçon qui, depuis, a été
confirmé à diverses occasions, savoir
que dans ce lieu rien n'est indifférent,
que l'on y sait tirer parti des moindres
apparences, et qu'enfin l'on y attachait
quelque importance à *montrer d'abord*,
aux étrangers, que l'austérité de la règle n'est pas contraire à la santé des
moines, ce qui malheureusement n'est
que trop démenti par l'expérience.

———

CHAPITRE III.

LE COSTUME.

Il consiste d'abord en une longue robe de laine blanchâtre fort grossière, à larges manches. Elle est retroussée par en bas jusqu'à mi-jambe, et attachée sur les côtés avec des courroies de cuir passées dans des anneaux cousus au bas de la robe.

Dessous est un pantalon à pieds en laine blanche, plus fine que la robe, avec des chaussons pareils et d'énormes sabots, au fond desquels est de la paille.

Par dessus la robe blanche est un capuchon de laine noire, terminé devant et derrière par deux bandes larges d'un

pied qui retombent plus bas que les genoux, et qui avec une large ceinture
de cuir noir forment une croix noire qui
se dessine devant et derrière sur la robe
blanche.

Au côté gauche sont pendus un chapelet et un couteau grossier.

Par dessus le tout, les pères mettent
un large manteau blanc à manches et à
capuchon, appelé *la coule*, mais qui ne
sert guère que pendant l'office, et que
l'on quitte pour le travail, parce qu'il
serait trop gênant et trop chaud.

L'hiver ils mettent un camail.

Tel est le costume des moines de la
Trappe, à l'exception de la robe des
frères servans qui est grise.

Ils couchent avec ces vêtemens, et
n'en changent que tous les mois. Ce qui
joint aux travaux de toute nature
auxquels ils se livrent, fait qu'en général ils sont fort sales et fort dégoûtans.

Heureusement ils n'ont ni barbe ni cheveux : ils sont tondus de fort près et en entier, sauf une couronne de cheveux large d'un doigt, qui ceint la tête et qui n'a elle-même que quelques lignes.

CHAPITRE IV.

LE PÈRE HÔTELLIER.

Quelques instans après le départ des deux moines, arriva l'hôtellier. C'est pour ainsi dire le maître des cérémonies. Il est chargé de faire les honneurs de la maison. Lui seul, avec le père cellerier et le père médecin, jouissent de l'usage de la parole.

S'il nous avait été difficile de nous faire une opinion sur les deux moines que nous avions vus, (car le frère portier qui nous avait ouvert, n'était visiblement qu'une espèce de paysan ou de domestique), il n'en fut pas de même du père hôtellier. Nous fûmes frappés de l'air de noblesse de ses manières, et il ne nous eut pas plutôt salués en posant ses mains sur sa poitrine et s'inclinant profondément, que dès les premiers mots, il fut aisé de reconnaître en lui, un homme de très-bonne compagnie, dont les formes, les manières et je ne sais quel air de supériorité se trahissaient malgré lui sous l'apparence de l'humilité la plus profonde.

C'était un homme de trente cinq ans environ, grand, bienfait, parlant avec grâce et douceur, et grassayant légèrement.

J'ai su depuis que cet intéressant jeune homme portait un grand nom, qu'il avait été officier supérieur, qu'il avait plusieurs décorations, et qu'enfin il avait été aide-de-camp du maréchal duc de R....

Je respecterai son secret et ne donnerai pas de renseignemens sur lui ni

sur sa famille, bien que cela me fût
possible.

Il nous remercia de notre visite, nous
assura qu'il était à nos ordres, qu'il allait nous faire visiter la maison, et nous
dit qu'il espérait que nous voudrions
bien dîner au couvent, ce que nous ac-
ceptâmes avec grand plaisir; mais plutôt par curiosité, que par besoin; car
nous avions eu soin de nous précau-
tionner d'un solide déjeuner, afin d'être
en état d'observer d'un œil philosophi-
que le dîner des Trappistes, dont au reste
l'invitation est d'usage à l'égard de tous
les étrangers, qui s'annoncent avec
quelque honnêteté.

CHAPITRE V.

VISITE DE LA MAISON,

Nous descendîmes d'abord à l'oratoire E, pour y faire une courte prière. Ce n'est qu'une espèce de petite chapelle pratiquée dans une salle basse. L'on y a construit un autel fort simple portant l'inscription d'*autel privilégié* sous l'invocation de la Vierge. Cette pièce a servi d'église depuis 1816 jusqu'en 1821, époque ou les moines ont pratiqué une assez belle église dans le bâtiment C.

L'oratoire n'est éclairé que par deux croisées au lieu de fenêtres.

2

On devine aisément pour quelle raison on conserve à la Trappe ces anciennes *croisées* de préférence aux fenêtres modernes, qui ne sont que des portes vitrées auxquelles on ne peut attacher aucune idée.

Ce nom de *croisée* vient de ce que les ouvertures pratiquées aux bâtimens pour laisser entrer la lumière, étaient jadis traversées par deux pièces de bois ou pilastres de pierre en forme de *croix* destinés à soutenir les vitrages. D'après cette disposition, la croisée formait quatre ouvertures, elles étaient jadis beaucoup plus petites qu'aujourd'hui, probablement à cause de la rareté du verre. Ces petites croisées remontent aux premiers temps de la chrétienté. Les fidèles d'alors, ingénieux à reproduire sous toutes les formes le signe de leurs adorations, aimaient à ne voir arriver jusqu'à eux, la lumière du jour, qu'à travers les branches de la croix, symbole de la foi chrétienne, et c'est en effet une idée assez belle et profondément religieuse, que d'avoir sans cesse devant les yeux cette croix noire qui se dessine dans le ciel.

De 1816 à 1821, les Trappistes étaient si étroitement logés qu'ils étaient obligés d'accrocher leurs *coules*, ou robes de dessus, à des chevilles de bois placées dans l'escalier. Chacune porte le nom du père auquel elle appartient. Il y a *des noms de religion* comme *des noms de guerre*, et c'est un usage de cacher en entrant à la Trappe son véritable nom, et de ne se faire connaître que sous ceux de *frère Jean, Pierre, Philippe, Barthélemy*, etc. J'ai remarqué un *Louis de Gonzagues* un *Vincent de Paule*, mais je les crois supposés comme les autres (1). Parmi les mille et mille contes auxquels donne naissance le mystère dans lequel s'enveloppent les Trappistes, on ne manque pas de dire qu'il y a parmi eux de grands criminels et des personnages de marque que des raisons d'état ont forcés à s'ensevelir dans la retraite ; le fait est qu'on n'en sait rien.

Au premier étage du même bâtiment E, est une chambre autour de laquelle règne un banc de planches, dont le dessous est divisé en carrés pour mettre des livres.

Plus loin est une pièce destinée aux graines et légumes secs.

De 1816 à 1821, ce fut dans les

_____

(1) Le frère de M. de Châteaubriand se fit recevoir Trappiste à Sainte-Suzanne, près Alcanniz en Espagne, en 1799; il était connu sous le nom de J. Climaque.

greniers ou mansardes, qu'on pratiqua les dortoirs. Ils se composent non de lits, mais de véritables niches construites en planches grossières. Toujours trop courtes d'un pied, afin de ne pouvoir s'étendre. Ces planches, élevées à deux pieds du sol, sont recouvertes, pour tout matelat, d'un morceau de gros drap, destiné, non pas à corriger la dureté du bois, mais seulement à empêcher les vêtemens avec lesquels on se couche, de s'user sur le bois. Un autre morceau d'étoffe sert de couverture et l'oreiller est un sac de toile rempli de paille. Tel est le lit des Trappistes; sous chacun est une malle et un vase de nuit.

On assure que ce lit trop court est un des raffinemens d'austérité les plus pénibles que l'homme puisse endurer. C'est un véritable supplice. Le but de cette coutume est dit-on de faire désirer avec encore plus d'ardeur, aux Trappistes, dont toute la pensée est désormais dirigée vers la mort, le cercueil où du moins ils reposeront tout de leur long.

Le réfectoire n'est guère plus somptueux que le dortoir, c'est une salle basse fort humide, où sont disposées des planches grossières pour tables et bancs.

Nous aperçûmes à chaque place des cruches et des petits pots de terre remplis d'eau, avec deux pommes et quelques noix. En traversant la cuisine, nous sentîmes une odeur de navets que l'on préparait. Les légumes sont cuits à l'eau, sans beurre ni lait.

La règle, pendant le repas, est de boire à deux mains, de ne faire aucun bruit et de ne répandre aucune tache sous peine de punition.

Avant la révolution, on évaluait à trente-six francs par an, la dépense totale d'un Trappiste pour sa nourriture, et à neuf francs celle de son vêtement.

En 1821, les Trapistes disposèrent le bâtiment C. D., de manière à former une église dont le chœur, la nef, les stalles, etc., sont distribués en planches, et fort simplement. Le fonds contre lequel est adossé l'autel est peint à fresque, et représente un paysage assez grossièrement fait ; j'ignore si cette circonstance tient à quelque règle particulière de l'ordre, et se rattache à l'habitude où ils sont d'interrompre fréquemment leurs travaux au milieu des champs, pour élever leurs mains au ciel et prier en plein air ; ou bien si c'est simplement une décoration imaginée par l'architecte. L'église occupe la partie C.

Dans toute la longueur du même

bâtiment, et parallèlement à l'église,
est un long corridor D donnant sur le
jardin, où sont pratiquées des cellules
ou plutôt de simples niches de bois et
sans portes , disposées comme celles
dont je viens de parler. Ce dortoir a l'a-
vantage d'être contigu à l'église et d'y
communiquer par plusieurs issues ; ce
qui sera d'une assez grande commodité
dans l'hiver. L'église et le dortoir sont
d'ailleurs revêtus en planche dans
toute leur longueur. Cette précaution
était nécessaire à cause de l'extrême humidité du pays.

CHAPITRE VI.

L'OFFICE.

———

Nous finissions notre visite, lorsque nous entendîmes sonner l'office. Nous désirâmes d'y assister; on nous le permit, à condition que nous serions circonspects, et que nous ne chanterions point avec les frères, de peur de les troubler en ne suivant pas leurs intonations; ce qu'il nous fut facile de promettre, car nous étions curieux de voir l'ensemble du couvent, et d'étudier un peu les physionomies.

On prit nos bâtons, et nous fûmes introduits. Les Trappistes étaient déjà en place, rangés sur quatre colonnes et

3

au nombre d'une trentaine. Plusieurs
entrèrent et sortirent pendant l'office.

Ils avaient quitté le capuchon noir,
et l'avaient remplacé par le vaste manteau blanc à manches et à capuchon
appelé la *Coule*. Leur chant est simple,
grave et majestueux. Plusieurs ont des
voix fortes et sonores. Ils ne donnèrent
aucune attention à nous, et ne nous
regardèrent ni en entrant, ni en sortant;
pourtant je surpris un regard furtif de
mon voisin, qu'il réprima aussitôt.

On est frappé de l'air de calme, de
sérénité, de candeur qui règne en général sur la physionomie des Trappistes.

Ce ne sont point de ces figures in-
quiètes, fatiguées et tourmentées du
monde. L'absence de toute émotion
laisse les traits du visage dans leur situation naturelle, et sans apparence de
contractilité. Leur physionomie a un
caractère d'impassibilité qui vérita-

blement me paraît également digne des observations du physiologiste et de celles du moraliste.

En effet, si comme l'a dit Voltaire :

L'âme est un feu qu'il faut nourrir,
Et qui s'éteint s'il ne s'augmente.

C'est, à mon avis, un problème de psychologie fort curieux que de déterminer quelle doit être la situation mentale d'un homme, privé de toute espèce d'émotion, perdant l'usage et l'habitude d'émettre ses pensées, et à qui la faculté si douce et si naturelle d'échanger ses idées avec ses semblables, est sévèrement et à jamais interdite ; ne voyant dans les hommes qui l'entourent que des fantômes muets et impassibles comme lui, réduits enfin à une portion d'alimens grossiers à peine suffisante pour substanter la vie animale, et chez qui l'habitude de marmotter du latin devient une telle routine, qu'il doit finir bientôt par ne plus y attacher aucun sens.

Ici l'expérience répond.

Quand l'Assemblée Constituante supprima les couvens, il y avait, à cette époque, à la Trappe, cinquante-trois religieux de chœur, et trente-sept frères convers. Parmi les premiers, il s'en trouva deux absolument privés de raison, et plusieurs dans un état d'imbécilité. La plupart de ceux qui furent rendus à la société donnèrent des preuves d'aliénation mentale.

L'office dura une demi-heure. Pendant ce temps, j'examinai les figures et surtout les crânes de ces bons pères qui étant absolument nus, auraient assurément fourni un vaste champ d'observations curieuses aux regards du docteur Gall ou à ses disciples.

C'est un *dicton* dans le pays, *qu'il faut avoir tué père et mère pour se faire*

Trappiste. J'ignore où se trouve placée la bosse du meurtre ; mais celle de la *théosophie*, que je connais fort bien, ne me parut fortement développée chez aucun de ces hommes, dont pourtant l'unique occupation est d'élever leur pensée vers Dieu. En revanche, je trouvai que la partie du front qui surmonte le nez, et sur laquelle sont implantés les sourcils, était chez presque tous fortement avancée ; et si ma cranologie n'est point en défaut, cette protubérance est celle de l'amour des lieux, et sa conséquence naturelle est la stagnation, l'inoccupation, et, soit dit ici, sans aucune intention épigrammatique, la paresse.

Ce fut à cela que se bornèrent mes observations physiognomoniques. A la vérité, il est assez difficile de porter un jugement sur des hommes qui vous tournent le dos, qui sont imperturbablement occupés à brailler du latin, et dont on ne peut pas même saisir le regard.

Toutefois, je dois dire que je fus frappé de la figure d'un petit moine qui était à deux places au-dessus de moi, qui portait des lunettes, dont l'œil vif et ardent, le nez droit et bien fait, la figure mobile et spirituelle attirèrent plusieurs fois mon attention; effectivement, je ne m'étais pas trompé, c'était le frère médecin dont je parlerai plus tard.

CHAPITRE VII.

RUINES DE L'ANCIENNE TRAPPE.

L'OFFICE fini, le frère hôtellier nous rapporta lui-même nos cannes. Plus je le regardais, plus je trouvais qu'il avait l'air habitué à se faire servir plutôt qu'à servir les autres. Il y avait dans ses manières une certaine *gaucherie de bonne compagnie*, qui sentait plutôt le salon que l'antichambre.

En effet, il y a une espèce de maladresse propre aux persones bien élevées, lorsqu'elles sont obligées de se livrer à des emplois bas pour lesquels elles n'étaient point nées. C'est ce que j'ai eu souvent l'occasion de remarquer dans

ces corps d'élite, où des jeunes gens
de bonne famille se trouvaient astreints
au fastidieux et rebutant travail des ca-
sernes et des écuries.

Je remarquai surtout que notre intéressant conducteur avait de la peine à
traîner ses énormes et lourds sabots. Il
me semblait que des bottes élégantes et
fines lui auraient mieux convenu. Je le
remerciai de la complaisance qu'il avait
de nous accompagner, et l'engageai de
s'en dispenser : il répondit avec douceur que c'était son devoir, et je vis
bien qu'il ne voulait pas avouer le plaisir qu'il éprouvait intérieurement à se
retrouver avec des hommes à figure humaine, tant le plaisir, quelque inno-
cent qu'il soit, sous quelque forme qu'il
se présente, est irrémissiblement pros-
crit de la Trappe.

Il nous mena ensuite visiter les ruines
de l'ancienne Trappe. Elles sont impo-

santes, pittoresques, et ne laissent pas
d'occuper un terrain assez spacieux.
L'ancienne église était élégante et si
solidement construite, de même que
tous les autres bâtimens adjacens, que
les efforts des Vandales révolutionnaires
n'ont pu en achever la démolition. Tous
les matériaux de quelque valeur ont été
enlevés, tels que planches, fer, char-
pentes et pierres de tailles. Cependant
il reste encore de hautes pyramides de
moëlons, qui se sont soutenues par la
seule force du ciment dans lequel les
pierres sont noyées, et dont la compo-
sition doit être excellente pour qu'elle
ait résisté avec tant de force.

La pierre employée à tous les bâtimens est un grès rouge à gros grains
fort dur, fort compact, sans interstices,
qui paraît avoir subi un degré considérable de cuisson par les volcans nom-
breux dont le pays de la Trappe offre

des traces continuelles : ce grès fait une maçonnerie lourde, mais fort solide. Il serait à désirer que l'on fît faire un plan général et une fois arrêté, de la restauration de la Trappe, sauf à le faire exécuter partiellement, à diverses reprises, et selon les moyens de l'ordre. Cette méthode est la meilleure, et devrait toujours être pratiquée dans les établissemens permanens. Ce plan, reconnu utile, est exécuté et suivi lentement, mais assidûment, et n'est point exposé aux variations, aux versatilités des individus entre les mains desquels repose momentanément quelque pouvoir.

J'entrai avec notre conducteur dans quelques détails sur l'origine et la fondation de la Trappe ; mais il ne me parut pas fort au courant de ces matières. Je placerai ici quelques-unes des recherches auxquelles je me suis livré à ce sujet.

CHAPITRE VIII.

FONDATION DE LA TRAPPE EN 1140.

LES auteurs ne sont pas d'accord sur le véritable fondateur de la Trappe. La date paraît en être plus certaine, mais on ignore si cette fondation est due à Rotrou II, comte du Perche, ou à Rotrou III, son fils : c'est ce que je me propose d'examiner ici.

Rotrou II, comte de Mortagne et du Perche, était fils de Geoffroy II et de Béatrix, fille de *Hilduin*, comte de Roussi.

Geoffroy II était mort en Palestine, vers 1110. *Guillaume de Nangis* rapporte que Rotrou II, son fils, fut, dès l'an 1089, guerroyer en Espagne, con-

tre les Maures et les Sarrazins ; et *Dutillet*, dans son *Chronique abrégé des
Rois de France*, nous apprend qu'il
contribua puissamment à la conquête
des royaumes de Navarre et d'Arragon.

De retour d'Espagne, il s'enrôla l'un
des premiers au Concile de Clermont
en Auvergne, tenu par le pape Urbain II,
pour la croisade de l'an 1095, sous le
roi Philippe Ier, et il partit (1) avec
Robert, duc de Normandie, qui avait
laissé son duché en gage pour 10,000
livres d'argent à Henry Ier, roi d'Angleterre, son frère.

Rotrou II épousa en premières noces
Mahaud ou Mathilde, fille naturelle de
Henry Ier, lequel (dit Gilles Bry) *mi-
nus honesta modo*, et hors mariage
avait eu six fils et sept filles.

(1) Voyez Mathieu Paris et *l'Histoire de
Savoie*, par Paradin, lib. I, cap. XXXVIII.

Rotrou II, de retour de Jérusalem, se mit, en vrai paladin, à guerroyer avec les seigneurs de Bellesme et du Mans. Il fut fait deux fois prisonnier, et se fit excommunier par le pape Pascal II. Vers 1110, il eut de nouvelles disputes avec son cousin Robert de Bellesme, qui le fit encore prisonnier, mais il fut délivré par Henry Ier, son beau-père, qui prit Bellesme et le lui donna.

Hildephonse, roi d'Arragon, cousin de Rotrou II, ayant imploré son secours de rechef contre les Sarrazins, il retourna en Espagne, prit la ville de Tudelle qui lui fut donnée pour récompense, puis se rendit au siége de Sarragosse et à l'expédition de Calaoora dans la Vieille Castille. Il maria sa fille Mergeline (1) à Garcias Ramirès VII, roi de Navarre.

(1) Gilles Bry prétend que cette Mergeline était nièce et non fille de Rotrou II.

Rotrou II perdit sa femme *Mahaud* ou Mathilde, l'an 1120; elle fut submergée en passant en Angleterre chez le roi Henry Ier, son père, *en punition*, (ajoute le même historien, Gilles Bry) *des ordures et saletés qui se commettaient en ce vaisseau*. Rotrou épousa, en secondes noces, *Harvise* d'Évreux, fille de Gauthier, baron de Salisbury, comte patrice d'Angleterre.

Henry Ier étant mort, il y eut, l'an 1139, à la mi-carême, une grande assemblée de princes à Mortagne, où Hugues, archevêque de Rouen et plusieurs autres grands de Normandie, offrirent au comte Thibaud la couronne d'Angleterre et le duché de Normandie. Il les refusa.

Rotrou II périt, vers l'an 1149, mais on ignore en quel lieu. Les uns prétendent que ce fut en Terre-Sainte. Dutillet soutient qu'il fut tué devant Rouen, mais cela n'est pas certain ; on ignore également quel âge il avait. Cependant, si l'on considère que, dès l'an 1089, il fit la guerre d'Espagne, *et contribua puissamment à la conquête du royaume d'Arragon et de Navarre*, on peut en conclure qu'il ne pouvait alors être âgé de moins de quinze à vingt ans, et que, par conséquent, il ne dut pas avoir moins de soixante-dix ans, lorsqu'il fonda la Trappe, en 1140, peu de temps avant sa mort.

Cependant quelques auteurs ont pensé qu'il était possible que la Trappe eût été fondée par Rotrou III, fils du précédent. Je ne partage pas cette opinion, et voici sur quoi je me fonde.

Après la mort de Rotrou II, Robert de France, fils de Louis-le-Gros, et frère de Louis-le-Jeune, épousa Harvise, veuve de Rotrou II, et se trouva, l'on ne sait comment ni pourquoi, investi du titre de comte du Perche, à moins d'admettre que ce Robert, abusant de l'extrême jeunesse de Rotrou III, prétendit le frustrer de ses droits, et usurpa le titre de comte du Perche.

Quoi qu'il en soit, Rotrou III, et son beau-père Robert de France, se trouvèrent ensemble en Terre-Sainte, vers 1146, au siége de Damas, et portant le même titre, *comes particensis*. Il paraît que Rotrou, devenu grand, parvint à revendiquer ses droits vers l'an 1160, époque où Étienne, son frère, fut appelé en Sicile, par la reine Marguerite, sa cousine, et fut fait chancelier du royaume et archevêque de Palerme. Leurs amours causèrent, par la suite, de grandes séditions à Messine, et dans toute la Sicile.

Rotrou III épousa la fille du grand Thibaud, palatin, comte de Champagne, qui eut neuf enfans, et dont une fille nommée *Ala* ou *Alix*, épousa Louis-le-Jeune, roi de France.

Rotrou III fonda la maison des Chartreux, au Val-Dieu, en la forêt de Saint-Mard-de-Reno, l'an 1170. L'an 1186, il retourna en croisade. Elle venait d'être résolue entre le roi de France et Henri II d'Angleterre, au traité de Gisors de cette même année. Enfin il mourut au siége de Saint-Jean-d'Acre, l'an 1191. « A cette époque (dit Ri-
» gordus), l'on vit en l'air, près du
» château de Nogent-le-Rotrou, une
» grande armée qui descendit, et après
» une longue bataille disparut : *Visæ*
» *sunt acies militum de aere descenden-*
» *tium*, etc. , etc.

» Cette même place, ajoute Rigordus,
» à côté de l'église de Saint-Jean, a
» jusqu'à ce jour conservé le nom de
» *Croix des batailles.* »

Ces recherches devenant inutiles pour

4

l'objet qui m'occupe, je ne les pousserai pas plus avant. Il suffit de remarquer que la Trappe n'a pu être fondée en 1140, par Rotrou III, puisqu'il était encore dans la plus tendre enfance ; mais bien par son père Rotrou II, qui, à cette époque, pouvait avoir environ soixante-cinq ans. Quelques auteurs ajoutent que cette fondation fut l'accomplissement d'un vœu qu'il avait fait sur mer, dans la crainte d'un naufrage.

CHAPITRE IX.

DE L'ABBÉ DE RANCÉ, RÉFORMATEUR DE LA TRAPPE
EN 1663.

Il est peu de conversions qui aient fait autant de bruit dans le monde que celle d'Armand Jean Bouthillier de Rancé, né à Paris, le 9 janvier 1626 : ce fut le 23 juin 1663, qu'il embrassa l'étroite observance de Citeaux, à l'âge de trente-sept ans cinq mois

On raconte plusieurs causes d'un parti aussi extrême de la part de l'un des plus aimables, des plus savans, des plus spirituels, des plus galans abbés de son temps.

D'une haute naissance, immensément

riche, Armand de Rancé était neveu de Claude Bouthillier de Chavigny, secrétaire d'état, et surintendant des finances; il eut, dès sa jeunesse, la passion des belles-lettres. Baillet (*Enfans Célèbres*, p. 359) rapporte qu'à l'âge de dix ans, il savait fort bien les poètes grecs, et surtout Homère, qu'à douze ou treize ans, il publia une édition des poésies d'Anacréon, avec des remarques en grec, qui furent admirées des savans (*Paris*, 1639.) *Bayle* s'étonne avec raison que mademoiselle Lefevre, madame Dacier, n'ait pas parlé de cet enfant si justement célèbre en traitant d'Anacréon et de ses traducteurs.

L'abbé de Rancé était à la fois, chanoine de Notre-Dame de Paris, prieur de Boulogne proche Chambord, abbé de N.-D.-de-Val de St.-Augustin, abbé de la Trappe, de St.-Symphorien de Beauvais, prieur de Saint-Clémentin en Poitou, archidiacre d'Outre-Vienne dans l'église d'Angers, et chanoine de l'église de Tours., etc., etc.

Il fut ensuite aumônier du duc d'Orléans, et l'un des députés du second ordre dans l'assemblée du clergé de 1655.

L'ambition et l'amour de la gloire furent (dit Moreri) *ses passions dominantes; il aimait, entre les plaisirs, celui de la chasse plus qu'aucun autre* (1).

On a peine à comprendre comment un homme si brillant et si heureux, *selon le monde*, abandonna tant de jouissances pour venir s'ensevelir à la Trappe. On

(1) Quelque réservé que soit un écrivain, il ne saurait lui être permis d'altérer ainsi la vérité. Il est certain que l'abbé de Rancé aimait passionnément les femmes.

Rancé, tu sus aimer, tu connus la tendresse ;
Tu sauras comme il faut surmonter la faiblesse.
Sois sensible à mes maux, viens, viens à mon secours;
Viens combattre un tyran que je chéris toujours !

LE COMTE DE COMMINGE.

a parlé très-diversement des motifs de cette métamorphose. L'abbé Marsolier, qui a écrit une Vie de M. de Rancé, prétend qu'étant à la chasse, une balle vint donner dans le fer de sa gibecière, para le coup, et qu'il s'écria : Hélas! que devenais-je, si Dieu n'eût eu pitié de moi.

L'abbé de Maupeou, curé de la ville de Nonancourt, qui a aussi écrit sa vie, raconte qu'à Veret, étant seul à la chasse, il désarma un chasseur, duelliste fameux, qui s'écria lui-même, qu'une puissance supérieure avait empêché qu'il ne le tuât, etc.

Quoi qu'il en soit de ces anecdotes, il paraît certain que la véritable cause de sa conversion fut le fait que voici :

La duchesse de Montbazon, fameuse par sa beauté, était à la fois aimée et par l'abbé de Rancé et par le maréchal d'*Hocquincourt.*

Saint-Evremont rapporte à ce sujet

(t. 11. p. 36.) une conversation assez plaisante entre ce maréchal et le père Canaye. « J'ai aimé, dit-il, la guerre,
» avant toute chose; Madame de Mont-
» bazon après la guerre, et la philo-
» sophie après madame de Montba-
» zon. Dieu fait, tout pour le mieux;
» la plus belle femme du monde (c'est
» ainsi qu'il appelait la duchesse),
» commençait à me lanterner; il y
» avait un petit coquet de Janséniste,
» un certain abbé de Rancé qui lui par-
» lait de la grâce devant le monde, et
» l'entretenait de toute autre chose
» en particulier. Voilà, mon père, ce qui
» me fit quitter le parti des Jansénistes
» pour celui des Jésuites, dont je suis
» maintenant, etc. »

Madame de Montbazon mourut de la petite vérole, à la campagne. L'abbé de Rancé, qui l'aimait passionnément, partit de Paris, sur la première nou-

velle de sa maladie. Il arriva au château qu'elle habitait ; ne trouvant per-
sonne, il monta dans l'appartement de
la duchesse par un petit escalier dérobé,
qu'il connaissait parfaitement ; dit le
bon curé de Nonancourt..... Quel hor-
rible objet se présente à sa vue ! ce fut
la tête de madame de Montbazon qu'on
avait coupée pour la pouvoir mettre
dans un cerceuil de plomb qui se trou-
vait trop court ! . . . Cette affreuse
vue lui fit tant d'impression qu'il re-
nonça au monde (1) pour jamais (*di-
sait-il alors* ; et, afin de ne se point
séparer de cette tête jadis si belle, et qu'il
avait tant aimée, il s'en empara, et voulut qu'à l'avenir tous ses religieux de la

(1)

Saintement pénétré d'un spectacle effrayant,
Rancé de ses plaisirs reconnaît le néant.
D'esclave il devient libre, à la cour il échappe,
Et fuit dans les déserts pour enfanter la Trappe.
RACINE FILS.

Trappe eussent sans cesse devant les yeux une tête de mort. Cette règle s'est perpétuée jusqu'à la révolution, mais elle a été supprimée à la restauration de l'ordre.

Je tiens d'un ancien Trappiste que la tête qui avait appartenu à l'abbé de Rancé, fut toujours conservée dans le couvent, et que c'était effectivement une tête de femme, ayant encore des dents superbes.

L'abbé de Rancé ne put long-temps supporter l'austérité qu'il avait établie, mais que néanmoins il laissa subsister, léguant ainsi à ses pauvres religieux, la sévérité d'une réforme dont il ne tarda pas à s'affranchir; il revint à la cour et s'y lança dans d'interminables disputes scholastiques, avec l'abbé Nicaize, M. Arnault, le P. Quesnel, le P. Mège, le P. Mabillon, et autres.

5

Le roi lui permit de nommer pour son successeur le père don Zozime , le 20 juin 1695; et enfin il revint mourir à la Trappe sur la cendre et la paille., le 26 octobre 1700, en présence de l'évêque de Sèez et de toute sa communauté.

Le tombeau de l'abbé de Rancé était placé au bout de l'église, derrière le maître-autel, au milieu du cimetière H.

Par un raffinement digne de la Trappe, les prisons étaient sous terre et près du cimetière , afin que les malheureux qui avaient transgressé jusqu'à un certain point les règles de la maison , se trouvassent en face et à la même profondeur que les morts, leurs voisins. Ces prisons étaient grillées avec des solives armées de pointes, comme l'enceinte destinée à l'éléphant du jardin des Plantes.

Le nombre des moines était autrefois d'environ deux cents; et si l'on réfléchit au nombre considérable de ceux dont la mort a été prématurée par suite des austérités excessives de la réforme depuis 1663, jusqu'à nos jours. Il est à craindre que peu d'hommes aient eu à rendre un compte plus terrible devant Dieu que l'abbé de Rancé.

CHAPITRE X.

RESTAURATION DE LA TRAPPE VERS 1816.

LE diable est bien malin, puisqu'il trouve moyen de nous inspirer des sentimens d'amour - propre et d'orgueil jusque dans les choses qui en paraissent les moins susceptibles.

En effet, nous ne sommes pas même à l'abri de ses ruses sous la bure ; et jusque sur la cendre il nous persécute du désir de devenir célèbres et puissans.

Ce fut ce qui arriva au sucesseur du révérend père don Zozime, désigné comme lui par l'abbé de Rancé, pour diriger l'abbaye de la Trappe. *Mais,* dit Moreri, *il mit le trouble et la division dans cette maison, et voulut inspirer aux religieux un autre esprit et une autre conduite que celle de l'ancien abbé.*

Il n'est point malheureusement d'institutions humaines qui ne se ressentent de la faiblesse, de l'imperfection de leurs auteurs. En admettant que la Trappe fût tombée, au dix-septième siècle, dans la licence et le relâchement, au point de rendre nécessaire la réforme rigoureuse de l'abbé de Rancé, réforme dont au reste l'occasion bien avérée, bien reconnue, fut le résultat de la vie licencieuse de cet abbé, ainsi que je l'ai fait voir. On a peine à concevoir les motifs qui ont pu déterminer le supérieur actuel à enchérir, lors de la dernière restauration de l'ordre, sur l'austérité de l'ancienne règle.

Les souffrances et les persécutions de

toute espèce qu'ont endurées les pauvres Trappistes, pendant le long exil de
la révolution, les mettent à l'abri de
tout soupçon de relâchement dans leur
règle. Quel motif a donc pu leur attirer ces austérités nouvelles si peu mé-
ritées, et qui font gémir l'humanité et
la raison.

Ce serait mal connaître l'homme, que
de croire qu'une fois parvenu à un certain degré d'exaltation dans les sentimens de piété, il ne se conformera pas
aux règlemens, quelques sévères qu'ils
soient, dussent sa santé et sa vie y suc-
comber.

On se demande si, dans un état bien
policé, il ne serait pas du devoir d'un
gouvernement, ami des hommes, de pré-
server des malheureux aveuglés par leur
ferveur, et de les arracher aux excès
d'une piété exagérée, en s'opposant à
des innovations inutiles et d'autant plus

dangereuses, qu'elles portent sur des institutions qui se transmettront indéfiniment dans l'ombre du cloître, et qui par conséquent peuvent faire un nombre illimité de victimes ignorées. «Les réformateurs, dit Saint-Évremont, »t. 11, pag. 5o, mettent la réforme dans »un couvent sans se réformer. Ils exaltent »la pénitence sans la faire ; ils font man-»ger des herbes à des gens qui cherchent »à se distinguer par des singularités , »tandis qu'on leur voit manger tout ce »que mangent des hommes de bon goût. »

Pourquoi les réglemens d'une telle société sont-ils uniquement le résultat des décisions absolues d'un supérieur, que son zèle peut aveugler, et qui , étranger au climat et à tous les élémens scientifiques qui constituent l'organisation physique et morale d'une société d'hommes, causera, dans sa pieuse ignorance, le supplice et la mort d'un nombre illimité d'innocentes victimes.

Encore une fois, quel motif a pu déterminer le restaurateur actuel à augmenter les austérités du réformateur,
l'abbé de Rancé, déjà si excessives. Depuis cette époque jusqu'à nos jours, sa
réforme a été scrupuleusement observée.
Osons le dire, a-t-il pu en conscience
retrancher, à ces malheureux, le peu
de substances qui, depuis près de deux
siècles, leur étaient accordées. Quel zèle
irréfléchi a pu le porter à les priver de
cette paillasse piquée, sur laquelle ils
venaient étendre leurs os saillans et
douloureux, amaigris par le jeûne et
affaiblis par le travail.

Ce peu de lait, cette petite cruche de
cidre que leur laissait l'abbé de Rancé,
il les en prive, et leur ôte le peu de
forces qui leur restaient, pour vaincre
l'affreuse humidité d'un pays malsain,
entouré d'étangs et plongé dans les

miasmes , les exhalaisons et les brouil-
lards (1).

C'est donc pour en aspirer une plus
forte dose, et ne rien perdre de leur
fétidité, qu'il retranche à ses religieux
une heure de sommeil. Je ne doute pas
qu'une heure de souffrance de plus , au
milieu de la nuit , ne suffise pour abréger la vie de plusieurs années.

Pourquoi les sentimens d'humanité,
de philantropie , qui dictèrent à différens souverains des lois contre le duel ,

---

(1) « L'avant-dernier vendredi, je fus com-
» mandé pour nettoyer l'étable aux brebis. Je
» pensais à me rapprocher du couvent, lors-
» qu'on m'envoya à la montagne chercher de
» l'herbe ; je ne fus de retour qu'à quatre heures
» un quart, *pour rompre le jeûne* ; j'eus une
» hémorragie le soir.... J'allais tous les jours
» m'affaiblissant, perdant plus qu'une nourri-
» ture peu substantielle ne pouvait réparer. »

Lettres de M. de Chateaub.

ne les portent-ils pas à veiller à ce que
des malheureux, livrés ainsi par l'infortune ou des chagrins domestiques à un
parti désespéré, ne soient pas abandonnés aux fureurs d'une piété suicide, et à
l'imprudente et arbitraire législation de
quelques réformateurs, courtisans et
ambitieux.

L'abbé de la Trappe va faire sa cour
à Paris, quand bon lui semble. Les
nombreuses affaires de l'ordre lui en
fournissent de fréquentes occasions.
Il revient ensuite prendre la *coule* et les
sabots, travailler à la terre et coucher
sur sa planche. Mais qu'il est différent
d'endurer ainsi momentanément des
souffrances, dont le principal but est
de *donner l'exemple*, et que l'on peut
faire cesser à tout instant, au lieu de
se trouver enchaîné au grabat *pour la
vie*.

C'est un contraste assez bizarre, et

l'on peut dire même fort scandaleux,
que l'opposition de l'austérité et des
souffrances des pauvres Trappistes,
avec la vie toute dissipée, toute mon-
daine de leur abbé. Toujours occupé de
biens, de richesse, de millions, toujours comblé de faveurs, de présens;
si non toujours, du moins souvent en
cour. L'on assure dans le pays que parmi les reproches qui lui ont été adressés
par l'évêque, son supérieur, et qui
viennent tout récemment de donner
lieu à des discussions si scandaleuses,
ainsi qu'on le verra ci-après, il en est
plusieurs relatifs à ses habitudes trop
dissipées et trop mondaines, et qu'il lui
a été positivement enjoint de revenir
plus souvent reprendre les sabots et en-
dosser la *coule*; et donner à ses religieux
l'exemple du travail, des privations, et
des austérités.

CHAPITRE XI.

DE LA RÈGLE ANCIENNE ET NOUVELLE.

QUELQUE dure et austère que fût la réforme introduite, en 1663, par l'abbé de Rancé, dans l'ordre des Trappistes, j'ai dit que la règle nouvelle, prescrite, lors de la restauration, l'était encore bien plus.

En effet, on se levait, à deux heures du matin, pour aller prier Dieu, maintenant c'est à une heure.

On se couchait à huit heures, maintenant à sept. On avait, de temps à autre, un peu de lait; il est supprimé, de même que la petite cruche de cidre que l'abbé de Rancé avait accordée, et

qui me paraîtrait si nécessaire pour soutenir un peu les forces, dans un pays
essentiellement malsain et marécageux.

Mais ce qui me paraît le comble de
l'inhumanité, c'est d'avoir retranché à
ces pauvres pères leur petite paillasse
piquée, en sorte qu'ils couchent maintenant sur la planche, couverte seulement d'un morceau d'étoffe, pour ne
pas trop user leurs habits. Cette planche, je l'ai déjà dit et je le répète à dessein, est trop courte d'un pied, en sorte
qu'ils ne peuvent s'allonger ni s'étendre. Cette circonstance, jointe à leur
maigreur, résultant de l'insuffisance et
de la nature des alimens, fait que leurs
pauvres os sont toujours froissés sur le
bois dans une situation gênante, ce qui
véritablement doit être un supplice continuel et affreux.

Il est expressément ordonné aux moines de détacher leur couteau, avant de

se coucher, et de le placer sous leur misérable lit, dans l'un de leurs sabots. Il n'est que trop facile de deviner la cause de cette règle, et de pressentir le danger qu'il y avait à laisser, sous la main de ces malheureux, une arme toujours prête à mettre fin à leur supplice, surtout, quand au milieu de la nuit, ils font un retour sur leur vie passée, et se trouvent séparés éternellement, et sans espoir de retour, du reste de la terre.

Depuis le lever jusqu'à sept heures, on fait diverses prières.

A sept heures, l'on va au travail ; on quitte pour cela la coule, et on retrousse le vêtement de dessous.

Les travaux consistent à labourer la terre, cribler les grains, soigner les animaux, porter des pierres, abattre et transporter du bois, enfin faire tout ce qui est nécessaire pour le service de la maison.

Chacun reçoit sa tâche, sans choix ni
préférence. L'abbé, lui-même, doit se
trouver le premier au travail; il s'emploie plutôt qu'un autre à ce qu'il y a
de plus vil et de plus fatigant.

Lorsqu'il fait mauvais temps, les moines nettoient l'église, balaient les cloî-
tres, lavent la vaisselle, font la lessive,
épluchent les légumes, etc., etc. Ils
sont alors assis par terre, l'un contre
l'autre, et toujours sans se parler. La
séance du travail est ordinairement
de trois heures, mais elle est inter-
rompue par de fréquentes prières. Lorsque les moines sont au travail, dans la
maison, dans les champs ou aux bois,
le supérieur qui préside à leurs travaux,
les interrompt de temps à autre en frap-
pant dans sa main, alors ils se grou-
pent en rond on sur deux colonnes; ils
élèvent les mains et les yeux vers le

ciel, et récitent des prières qu'ils inter-
rompent par de fréquentes génuflexions,
en se mettant le front contre terre (1).
Je trouve à ces prières, en plein air, un
caractère imposant, quand ces hommes,
constamment voués à la solitude, à la
méditation, élèvent leurs vœux vers le
créateur, et que la seule voûte des cieux
leur sert de temple. Il semble qu'ils entrent en communication plus directe
avec l'Éternel, que lorsqu'ils sont ren-
fermés sous les lambris étroits, bâtis
par la main des hommes.

Il en est qui écrivent sur les pères de
l'Église ; d'autres font des ouvrages de
menuiserie, serrurerie, charronnage,
tourneur et autres travaux utiles à la

(1) Il suffit, dit M. de Châteaubriand, de
lever ses regards vers le ciel, pour adoucir le
froid de l'hiver et les chaleurs de l'été.

Lettres à ses frères et sœurs.

maison (1); car c'est un point impor-
tant de ne rien faire d'inutile ou seulement d'un travail agréable. Il est même
de règle, aussitôt qu'un frère paraît prendre plaisir à une occupation, de la rem-
placer de suite par une autre plus vile
ou plus pénible. Quelque fatigant que
soit le travail, on ne peut s'asseoir par
terre, ou s'appuyer contre un arbre,
sans permission. Quand le visage est
couvert de sueur, on ne peut l'essuyer;
mais seulement la détourner avec le
doigt, pour qu'elle ne tombe pas dans
les yeux.

(2) Comme je suis maladroit pour filer dans
l'atelier, je trie les fèves ou lentilles de nos
repas. Le riz ne se trie pas de même, et tout
se mange sans autre accommodage que cuit à
l'eau et au sel.

*Lettre du frère de M. de Châteaubriand
à sa famille. Février 1799.*

6

« Celui-là, qui s'est retiré dans la
» solitude, pour ne posséder plus que
» Dieu, ne s'en doit pas détourner,
» pour s'attacher d'affection aux choses
» vaines, mais demeurer continuelle-
» ment uni à Dieu; s'entretenant sans
» cesse dans l'amour de cette suprême
» beauté qui doit être l'objet de tous
» ses désirs » (*Moreri.*)

Dans l'ancienne règle, on faisait deux
repas; le dîner à midi, et la collation
à cinq heures; mais on n'en fait plus
qu'un à trois ou quatre heures; il consiste en du pain grossier, de l'eau et
des légumes cuits à l'eau avec un
peu de sel, sans beurre ni lait, et en
quelques fruits.

L'abbé de la Trappe est à la fois le
supérieur et le *confesseur* de ses religieux. Cette double prérogative lui
donne une grande influence sur eux;
aussi sont-ils entièrement à sa disposi-

tion. Lui seul lit les lettres qui sont écrites ou reçues pour eux; il permet ou défend à son gré les relations avec leurs familles.

Lorsqu'un moine a failli, c'est-à-dire, lorsqu'il a fait du bruit avec son couteau, ses sabots, ou qu'il a laissé tomber une goutte d'eau sur les ais, mal joints, qui servent de table, il vient se prosterner devant l'abbé et reste à genoux, en signe de pénitence, jusqu'à ce qu'un autre demande grâce pour lui, ce qui se fait, non verbalement, mais du geste, et en baisant la main (1), alors l'abbé, ou en son absence, le prieur frappe d'un petit maillet de bois, et le pénitent se relève et retourne à sa place.

(1) On perd toute propriété sur son corps; si l'on se blesse d'une manière un peu grave, il faut s'aller accuser à genoux, tout comme

L'abbaye de la Trappe n'est point un établissement de bienfaisance, de *charité*, proprement dite; c'est une maison *de pénitence*, *d'expiation* du monde et *d'aspiration* vers le ciel.

Sous ce rapport, la société semble devoir peu d'égards à un ordre qui se sépare d'elle, et qui l'abandonne à jamais.

Les limites du libre arbitre ne sont point suffisamment tracées : c'est encore une question, si non en morale, du moins en législation, de savoir si l'homme peut disposer de sa vie et en abréger le cours à son gré ; on peut de même se demander s'il est libre de renoncer ainsi au titre de citoyen, de s'affranchir de tous les devoirs de la

lorsqu'on brise un pot de terre, et cela sans parler ; il suffit de montrer le sang qui coule, ou les fragmens de la chose brisée :

Lettres à M. de Chateaub.

société, et se retrancher volontairement dans une vie purement contemplative, et qui le rend inutile aux autres, et à charge à lui-même. (1)

On dit, et cela est assez vraisemblable, qu'il y a des punitions fort sévères et proportionnées aux fautes et délits. Les Trappistes que l'on surprend se parler entre eux, ceux qui écrivent à leur famille, ceux qui cherchent à s'échapper, subissent diverses punitions, telles que la prison, les fustiga-

(1) Non, la religion n'est point impitoyable ;
C'est l'erreur qui la peint farouche, haïssable ;
Toujours l'oreille ouverte aux cris des malheureux,
Elle est prête à verser des secours généreux ;
Appui de tout mortel que l'infortune opprime,
Dans ce monde, séjour d'injustice et de crime,
Où sans cesse combat un génie inhumain :
Dans ce sentier de pleurs c'est la première main
Qui soutienne nos pas et qui sèche nos larmes.
O mortels! dans son sein déposez vos alarmes!
Arn.

tions, etc. Je possède divers instrumens de suplice, provenant de cette
maison. Mais j'ignore si les moines s'en
servent comme moyens de punition,
ou volontairement par esprit de pénitence.

Ces instrumens sont : 1.º : Le cilice;
c'est une chaîne de fil de fer armée de
deux pointes à chaque anneau, et qui se
place autour du corps.

2°. La hère; c'est une ceinture de
crins ou soies de sanglier, formant
une espèce de velours ou plutôt de
carde, large de cinq doigts, ayant le
même usage que le cilice, j'ai essayé
l'une et l'autre, mais la hère est beaucoup plus insupportable que le cilice.

3°. Un martinet ou fouet composé
de cordons de fil garnis d'une grande
quantité de nœuds fort serrés et fort
durs. Je ne doute pas qu'il ne fût pos-

sible de lacérer entièrement la peau d'un homme avec cet instrument.

4°. Un réseau de cordes de crins qui se met sur la tête rasée des moines, pour imiter la couronne d'épines de J.-C.

On parle aussi beaucoup dans le pays d'une punition fort ridicule et qui ne laisse pas que de prêter à d'assez mauvaises plaisanteries : c'est *le trou patri.*

Elle consiste, dit-on, à engager la tête du patient dans une lunette pratiquée au battant d'une porte à peu près semblable à celle de la guillotine, à l'exception qu'ici, il reste debout comme dans la scène du *Tableau parlant*, de cette manière sa tête est passée dans un appartement, et devant ses yeux est une image du Christ flagellé, tandis que tout son corps est resté dans la pièce voisine, là, dit-on, il est déshabillé et soumis à des fustigations plus ou moins prolongées , selon la gravité du délit. Le patient ne voit aucun de ceux qui le frappent ainsi. La cérémonie se fait en silence, et ses cris s'exhalent en vain dans la pièce inhabitée.

———————

~~~

CHAPITRE XII.

PETIT EXPOSÉ

Du genre de vie que l'on mène dans l'ancien Monastère de Notre-Dame de la Trappe, dans le Perche, à présent département de l'Orne, et dans tous les autres de la même Réforme; dressé en faveur de ceux qui demandent d'y être admis; et Abrégé des dispositions où doit être celui qui désire y entrer.

Qui que vous soyez, à qui Dieu inspire le dessein de vous joindre à nous pour vous consacrer à la pénitence, ne

---

(1) Ce *Petit Exposé* est imprimé et se distribue aux personnes qui visitent la Trappe, et témoignent l'intention de s'y fixer; j'ai cru devoir le reproduire ici littéralement en entier.

7

vous imaginez pas , comme on se le per-
suade dans le monde, avoir besoin pour
cela de beaucoup de forces et de vigueur.
Non , il ne faut pas précisément beaucoup de forces , puisqu'on en voit tous
les jours parmi nous de très-délicats et
d'une très-faible santé persévérer avec
constance ; mais il faut , avec le secours
de la grâce, beaucoup de courage, beaucoup d'humilité , beaucoup de bonne
volonté. Beaucoup de courage, pour
supporter les austérités , beaucoup d'humilité pour renoncer à vous-même en
toutes manières ; beaucoup de bonne
volonté , pour surmonter les obstacles
et les tentations qui vous détourneront
peut-être de votre entreprise.

I°. Beaucoup de courage pour supporter les austérités. Car , quoiqu'elles
ne soient pas aussi grandes qu'elles de-
vraient être pour ceux qui , par leur état,
sont obligés de faire pénitence , non-
seulement pour leurs propres péchés ,

mais encore pour les péchés des autres; voici à quoi vous devez vous attendre : 1º Avoir bien froid en hiver; car on a toujours la tête nue à l'église, même à Matines, au milieu de la nuit; et le jour on ne peut se chauffer que dans de petits momens, et seulement debout. 2º Avoir bien chaud pendant l'été, sans qu'il vous soit permis d'essuyer avec votre mouchoir, du moins en public, les gouttes de sueur de votre front : vous pourrez seulement les détourner avec le doigt, de crainte qu'elles n'entrent dans les yeux et ne nuisent à la vue. Mais le froid et le chaud ne sont que la pénitence commune à tous les hommes, et même les plus sensuels n'en sont pas exempts; ainsi ceux qui font une profession publique de pénitence, n'y doivent presque point faire attention. 3º Il faut vous attendre à vous lever tous les jours avant une heure et demie du matin, les dimanches et les fêtes ordinaires, et tous les jours où l'office est de 12 leçons, avant une heure, et les grandes fêtes avant minuit. 4° A ne vous point appuyer contre le mur quand vous serez assis, quelque fatigué que vous puissiez être. 5° A ne faire qu'un seul repas par jour pendant plus de sept mois de l'année ordinairement, et cela à deux heures et demie du soir, et à quatre heures et un quart en Carême; encore ne trouverez-vous au Réfectoire que quelques pommes de terre, quelques herbes, racines ou légumes apprêtés sans façon, sans beurre, sans huile, mais seulement avec du sel et de l'eau, ou tout au plus quelquefois un peu de lait. Lorsqu'on soupe, de la salade et un peu de fromage, ou bien quelques fruits ou pommes de terre en place de fromage font tout le souper. Vous n'y trouverez non plus que du pain bis, et pour boisson que de l'eau : encore ne vous sera-t-il pas permis de toucher à cela que le Supérieur n'ait frappé pour en donner le signal, afin de mortifier un peu l'avidité désordonnée de la nature, qui a souvent besoin d'être modérée lorsqu'il sagit de satisfaire ses appétits, quelqu'insipide qu'en soit l'objet : encore, si vous laissez tomber quelques gouttes de cette pauvre eau, un seul petit morceau de ce mauvais pain, faudra-t-il vous prosterner la face contre terre : encore ne vous sera-t-il pas permis de choisir dans cette méchante nourriture ce qui vous répugnera le moins. 6° A travailler cinq ou six heures par jour, et quelquefois davantage, à jeun, à des travaux très-pénibles. 7° A chanter au chœur ou y prier en commun plus de sept heures tous les jours, plus d'onze tous les dimanches et fêtes ordinaires, et plus de douze aux grandes fêtes. 8° A ne vous coucher, pour vous délasser des fatigues de la journée, que sur des planches, et à n'avoir sous votre tête qu'un petit oreiller de paille. 9° A compter tout cela pour rien, et aller tous les soirs, avant de vous coucher, vous prosterner devant le Crucifix; et la componction dans le cœur, dire, dans cette posture, le psaume *Miserere*, pour demander pardon à Dieu d'avoir fait en ce jour si peu de chose, et ce peu de l'avoir fait si mal; comme aussi pour mortifier un peu la nature, qui se porte souvent avec un empressement déréglé à prendre son repos, surtout lorsqu'elle est fatiguée. Mais quand vous auriez le courage nécessaire pour tout cela, sachez que vous n'en avez pas assez ; car il faut en avoir pour mener, si Dieu le permet, une vie plus pauvre et plus mortifiée; les religieux de cette maison.

par esprit de zèle et de charité , ayant
pris la résolution de ne refuser aucun
de ceux qui se présenteront et qui seront bien, appelés, et pouvant se faire
par-là , ou par d'autres circonstances ,
qu'ils manquent même du strict nécessaire. On se contente de les prévenir de
ce à quoi ils doivent s'attendre : mais
si , après avoir consulté Dieu , de qui
seuls ils doivent espérer le courage dont
ils auront besoin , ils consentent à venir partager notre pauvreté , on leur
ouvre les bras avec joie , et avec d'autant plus de joie, que la vie qu'on leur
offre est plus pauvre et plus pénible ;
parce que c'est une preuve plus certaine
qu'il n'y a que Dieu qui les amène , et
une marque plus évidente qu'ils sont
déjà dans les mêmes dispositions que les
saints. Il faudra même ensuite que vous
soyez le premier à vous exposer à cette
pauvreté , en exerçant envers les autres

la même miséricorde dont on aura usé envers vous, et en les recevant comme on vous aura reçu, sans difficulté, aux dépens de vos aises et de vos commodités, et, s'il le faut, de votre nécessaire; trop heureux de pouvoir contribuer à ce prix au salut d'une âme de plus. Quand vous en serez à ce point, ce n'est pas tout : il faut que vous alliez encore plus loin; car il faut qu'indépendamment de la pauvreté, vous soyez en outre disposé, au moins dans la préparation du cœur, à endurer mille peines et souffrances plutôt que de retrancher une seule des austérités que vous aurez trouvé établies; parce qu'on ne reçoit ici que ceux qui ont un grand zèle pour notre saint état et pour toutes ses pratiques. Vous ne devez cependant pas craindre d'être poussé à toute sorte d'extremités indifféremment et sans discrétion; car on ne s'est proposé que de rétablir les anciennes pratiques de nos premiers pères, saint Robert, saint Étienne, saint Albéric et saint Bernard, tous reconnus pour saints dans l'Église, et le dernier même pour un de ses pères et docteurs. Il ne saurait y avoir d'illusion et d'indiscrétion à marcher sur les traces de ses pères et instituteurs lorsqu'ils ont été des saints.

II°. Il faut beaucoup d'humilité pour renoncer à soi-même en toutes choses. On croit, quand on se sent en état de supporter toute sorte de pénitences et d'austérités, que tout est dit et qu'on peut hardiment se présenter à la Trappe. Oh ! les austérités du corps ne sont que la moitié de la vie religieuse, et encore la plus aisée; car il en coûte souvent bien plus pour endurer avec patience les humiliations, renoncer à son propre jugement et détester sa propre volonté, comme l'exige notre sainte règle, que pour tenir son corps dans la contrainte et les souffrances. Cependant c'est à tout cela qu'il faut s'attendre dans ce monastère.

Oui, il faudra endurer les humiliations. On vous reprendra à temps et à contre-temps, en particulier et en pu-public : quelquefois ce seront vos frères les plus jeunes qui, par un esprit de charité, vous feront apercevoir vos fautes et même vos plus légers manquemens, en vous proclamant dans le chapitre; et toujours il faudra, soit que vous ayez tort ou raison, que vous soyez coupable ou non, il faudra souffrir cela avec patience, sans qu'il vous soit permis de proférer une seule parole qui tende à vous excuser le moins du monde; il faudra même que vous vous humiliez aussitôt extérieurement en vous prosternant, et intérieurement en reconnaissant que vous êtes plein

de défauts, et passer plus loin jusqu'à concevoir de la joie d'être humilié, quand
bien même il arriverait qu'on se méprît
en vous accusant d'une faute que vous
n'auriez point commise, quelque grave
quelle fût, ou que le supérieur entendît
tout autrement ce qui aurait été dit sur
vous ; acceptant la confusion qui vous
en reviendrait en place de celle que
vous mériteraient, au tribunal redou-
table du juste juge, tant de péchés que
vous avez commis et qui ne sont point
connus des hommes, ni peut-être de
vous-même, et qu'il est cependant nécessaire d'expier. Enfin c'est dans cette
pensée d'avoir offensé la majesté de
Dieu, et pour réparer ce malheur, que
notre sainte règle veut que nous mar-
chions toujours la tête penchée vers la
terre et les yeux baissés. C'est ce qu'il
faudra que vous tâchiez de faire, sans
cependant trop de contrainte ni d'ef-

forts, parce que c'est un point capital parmi nous, que tout se fasse avec une grande liberté d'esprit et paix intérieure et extérieure.

Oui, il faudra renoncer à votre propre jugement, parce qu'il faudra faire tout ce qu'on vous dira, sans observation, sans réplique, quelque peu convenable que cela puisse vous paraître; à moins (ce qu'à Dieu ne plaise) que ce ne fût contraire à la loi de Dieu ou à la sainte règle, ou bien que vous eussiez de bonnes raisons pour croire que ce n'est pas l'intention de votre supérieur. Hors ces cas extraordinaires, obéir sans retard, obéir sans examen et de bon cœur est notre pratique de tous les momens. Mais non-seulement il faudra renoncer à votre propre jugement en toute occasion; il faudra le fuir dans les choses même les plus justes, et les exécuter, non pas parce qu'elles vous paraissent justes, mais parce qu'elles vous ont été commandées. Il faudra même croire simplement tout ce qu'on vous dira, et vous persuader qu'il n'y a rien de mieux. Disons plus : il faudra oublier que vous avez su quelque chose, et avoir sans cesse à l'esprit ces paroles sorties de la bouche sacrée de la vérité éternelle : *Nisi effigiaminis sicut parvuli, non intrabitis in regnum cœlorum.* « Si vous n'imitez en simplicité les petits » enfans, vous n'aurez point de part au » royaume des cieux. » Ainsi il faudra ne plus avoir de sentiment propre, mais vous conformer entièrement à celui de votre supérieur, et même de tous vos frères sans exception, pour l'entretien de la charité; car, si on n'a encore rien dit de cette vertu, c'est qu'on doit bien s'attendre qu'elle doit être au plus haut degré de perfection; et pour tout dire en un mot, elle doit être si parfaite, que,

malgré la diversité des caractères, l'opposition des humeurs, la différence de
l'éducation et des pays où l'on a pris
naissance, il n'y ait entre tous qu'un
même esprit, qu'un cœur et qu'une âme;
à quoi on ne peut arriver qu'en renon-
çant en toutes rencontres à ses propres
lumières, pour s'abandonner aveuglé-
ment à celle des autres. Remarquez
qu'il n'est pas nécessaire d'avoir atteint
cette perfection dès le commencement;
mais qu'il suffit d'y tendre tout son
voir, d'y travailler de toutes ses forces,
et de vouloir sincèrement l'acquérir.
Cette remarque est non-seulement pour
ce que je viens de dire, mais aussi pour
tout le reste.

Oui, détester sa propre volonté. On
dit ordinairement à ceux qui se présentent pour être admis parmi nous,
qu'il faut qu'ils la laissent à la porte; et
on ne les trompe point. Il ne vous sera

plus permis de la suivre en rien : il suffira que l'on voie que vous désiriez une chose, pour que l'on vous commande quelquefois tout le contraire, non pas, comme pourraient faire les gens du monde, pour vous contrarier et vous chagriner, mais par amour pour vous et pour votre salut, afin de vous faire absolument renoncer à cette maudite volonté propre qui est la seule cause de notre damnation. Aussi les saints nous disent-ils : « Otez la volonté propre, et il n'y aura plus d'enfer. » *Cesset voluntas propria, et non erit infernus*. Mais il ne suffira pas de ne pas faire votre propre volonté : il faudra, comme nous venons de le dire, la détester, la fuir, la persécuter. La détester, en déplorant sans cesse le malheur que vous avez eu autrefois de la suivre. La fuir, jusqu'à regarder comme un malheur d'être quelquefois obligé de vous décider par vous-même, et alors tâcher d'obéir à l'intention de votre Supérieur, s'il ne vous est pas donné d'obéir à ses ordres. La persécuter juqu'à extinction, en vous attachant à faire, dans les choses libres et qui dépendront de vous, tout le contraire de ce que vous auriez envie de faire; de telle sorte, qu'il suffise que votre volonté propre vous porte à quelque chose, pour que vous fassiez tout l'opposé. Du moins faudra-t-il que vous vous exerciez sans cesse à tout cela.

III° Il faut une très-grande bonne volonté pour surmonter tous les obstacles. Oui, une très-grande volonté, parce que tout cela vous paraîtra peut-être un peu pénible dans les commencemens. Oui, une très-grande bonne volonté, qui aille jusqu'à ne pas craindre la maladie, ni la mort même, mais plutôt à soupirer après elle, à l'exemple de tous les saints; parce que, n'y eût-

il que le changement de régime de vie.
votre santé pourrait bien en recevoir
d'abord quelque atteinte, et le démon
ne manquera pas de profiter de cette
occasion pour vous persuader de regarder en arrière. Oui, en un mot, une
très-grande bonne volonté, parce que le
démon voyant que vous allez lui échapper, vous tentera vraisemblablement
en mille manières, ce que vous ne
pourrez surmonter qu'en réunissant
encore le courage et l'humilité à la
bonne volonté. Le courage, pour prendre patience et même vous offrir à Dieu
pour rester dans la tentation autant
qu'il lui plaira; l'humilité, pour avoir
la fidélité de faire connaître aussitôt à
celui qui vous tiendra la place de Dieu,
toutes vos pensées, quelque extrava-
gantes qu'elles puissent vous paraître,
et toutes vos misères, quelque humi-
liantes qu'elles soient; et enfin la bonne

volonté, pour mettre en pratique tous
les moyens qu'on vous donnera, afin de
pouvoir surmonter la tentation.

Voilà un petit abrégé de la vie que
vous désirez entreprendre, lisez-le, et
relisez-le, considérez-le et méditez-le
attentivement. Surtout consultez Dieu,
et ayez une extrême défiance de vous-
même. Sachez que vous ne pouvez rien,
absolument rien par vos propres forces; mais aussi concevez une grande
confiance en la grâce toute-puissante
de Dieu, qui peut vous rendre tout
cela on ne peut plus facile, aussi bien
qu'à nous. Dites-vous à vous-même,
comme saint Augustin : *Numquid non
potero quod isti et istœ?* Ne pourrai-je
donc pas, avec le secours de la grâce,
ce que peuvent bien ceux-ci et ceux-là?
Pensez que, si le chemin de la Croix et
des austérités a ses difficultés, il a bien
aussi ses douceurs. *Crucem vident*, dit

notre père saint Bernard, *unctionem non vident*. « Les hommes voient bien la Croix, mais ils ne voient pas l'onction et les consolations qui accompagnent la Croix. » C'est cette onction et ces consolations qui font que plusieurs religieux de cette maison, au milieu même des peines intérieures et extérieures, ne changeraient pas leur état pour toutes les couronnes de la terre. Enfin prenez la résolution d'en faire l'expérience au moins pendant quelque temps, et ne craignez pas de faire une tentative d'où peut-être votre salut dépend. Voici trois règles que vous devez suivre dans cette détermination. 1° Considérez ce que vous conseilleriez à un autre qui serait dans le même cas que vous, c'est-à-dire qui aurait autant de fautes à expier que vous en avez, qui trouverait dans le monde autant de dangers que vous y en trouvez, et qui éprouverait autant de faiblesse pour y résister que vous en éprouvez ; et prenez pour vous le conseil que vous sauriez si bien donner aux autres. Serait-il sage d'en agir autrement ? 2°. Prévoyez ce que vous seriez bien aise d'avoir fait à l'heure de la mort, et faites à présent ce que vous regretterez alors, mais inutilement, de n'avoir pas fait, ce que vous ne serez plus à temps de faire, ce qui vous jettera peut-être dans le désespoir si vous ne le faites pas. Quelle folie de mépriser tout cela ! 3°. Réfléchissez bien sur l'importance de la décision que vous allez prendre, et dites-vous à vous - même : que me servira-t-il de gagner toute la terre, si je viens à me perdre moi-même ? Mon âme une fois perdue, tout n'est-il pas perdu pour l'éternité ? Ah ! il faut donc que je me sauve, quoi qu'il puisse m'en coûter. En fait de salut, il faut aller au plus sûr. Quel aveuglement, quel malheur de s'exposer à se perdre pour une éternité! Voilà, mon cher frère, tout ce que j'ai cru devoir mettre sous vos yeux. Puisse cet exposé, non vous abattre, mais au contraire vous enflammer d'une sainte ardeur pour ce saint état. C'est notre vœu le plus ardent, et ce que nous allons demander au Seigneur de tout notre cœur, pour vous. La même règle s'observe, avec non moins de fidélité et de satisfaction, parmi les religieuses de la même Réforme.

AVERTISSEMENT.

On doit savoir que pour entrer dans cette Communauté il n'est pas nécessaire d'avoir une dot. On y reçoit aussi bien ceux qui n'ont rien, que ceux qui apportent quelque chose. Cependant ceux qui ont quelque bien, doivent l'apporter, parce que sans cela ils montreraient peu de zèle pour leur nouvel état; et l'on ne pourrait pas recevoir ceux qui n'ont rien, lorsqu'il s'en présente, surtout à présent où les communautés, ayant été dépouillées de leurs biens, ne peuvent plus subsister que par ce que chacun apporte.

On reçoit aussi à tout âge, pourvu qu'on ait la force de supporter les austérités de l'Ordre, et ceux qui n'ont point fait d'études, aussi bien que ceux qui en ont fait. Ceux-ci sont ordinairement reçus parmi les religieux de chœur, les autres, qui sont sans lettres, parmi les frères convers.

Enfin ceux qui désireraient bien se donner à Dieu de tout leur cœur et faire pénitence de leurs péchés, mais qui craindraient de s'engager par vœu, sont reçus comme frères donnés. Et tout ce qu'on demande de ceux qui se présentent en quelque qualité que ce soit, c'est d'apporter une pleine et entière bonne volonté, une parfaite obéissance, un grand amour pour les souffrances, et un extrême désir de n'aimer que Dieu.

Comme parmi les derniers on reçoit principalement les jeunes gens dont le tempérament n'est pas encore assez formé pour soutenir les jeûnes de la Maison, ou les vieillards qui n'en ont plus la force, ils ne sont point obligés à des jeûnes aussi rigoureux que les religieux : ils ne couchent pas non plus sur la planche ; ils ont au moins une paillasse et portent du linge : ils suivent d'ailleurs les mêmes pratiques que les autres, surtout pour l'obéissance et le silence continuel.

Il y a encore un autre genre de vie beaucoup plus adouci pour les jeunes

enfans que les parens offrent au Monastère, et qu'on reçoit depuis l'âge de
six ans. On leur fait faire tous les jours
trois ou quatre repas : on leur apprend
à lire, à écrire et à chiffrer. S'ils ont une
certaine ouverture d'esprit, on leur
enseigne le latin; mais on les forme
surtout à la piété. Quand ils ont atteint
l'âge de discrétion et de discernement,
s'ils veulent rentrer dans le monde, on
les rend à leurs parens. Si, au contraire,
ils sont bien aises de continuer à mettre
leur salut en sûreté en s'éloignant tout-
à-fait du monde, on examine si cette
pensée leur vient de Dieu, et s'ils sont
propres pour notre état. En ce cas,
après les avoir suffisamment éprouvés,
on les incorpore à la Communauté ou
en qualité de frères donnés, ou de
frères convers, ou de religieux de
chœur, s'ils ont étudié le latin.

OMNIA AD MAJOREM DEI GLORIAM.

Tout pour la plus grande Gloire de Dieu.

Il y a aussi un Pensionnat où l'on reçoit les jeunes gens dont les parens peuvent payer la Pension. Ils reçoivent la même éducation que dans les bons colléges et les meilleures écoles, mais une éducation bien plus pieuse, bien plus surveillée, et même plus avantageuse pour l'instruction, puisqu'on y enseigne souvent bien des choses que l'on n'apprend pas ordinairement dans les colléges, comme l'anglais, l'italien, les mathématiques, etc., etc.

CHAPITRE XIII.

RÉFLEXIONS SUR LES AUSTÉRITÉS DE CET ORDRE.

L'HOMME qui sacrifie les jouissances de la vie, qui s'efforce de l'abreuver de privations et de souffrances, si non avec la certitude, du moins avec la persuasion qu'il connaîtra, par ce court et léger sacrifice, les délices de la vie éternelle, celui-là, dis-je, n'est autre qu'un habile calculateur passionnément désireux des jouissances qui lui sont promises.

« Dieu est, ou n'est pas, dit le su-
» blime Pascal (pensée 8, p. 46) ; c'est
» un pari qui peut se jouer à croix ou
» pile ; car, ne parier point que Dieu est,

» c'est parier qu'il n'est pas. Pesons le
» gain et la perte; si vous gagnez, vous
» gagnez tout. Si vous perdez, vous ne
» perdez rien. »

J'ose n'être point ici de l'avis de
Pascal ; car, enfin, c'est risquer le certain contre l'incertain, d'après la supposition si hardie et si singulière dans la
bouche de Pascal *qu'il y a autant à
parier pour que contre*; Pascal con-
tinue :

« Puisqu'il y a pareil hasard de
» gain et de perte, quand vous n'auriez
» que deux vies à gagner pour une,
» vous pourriez encore gager, et s'il y
» en avait dix à gagner, vous seriez im-
» prudent de ne pas *hasarder* votre vie,
» pour en gagner dix, à un jeu où il y
» a pareil hazard de perte et de gain;
» mais s'il y a une infinité de vies infi-
» niment heureuses à gagner avec pa-
» reil hasard de perte et de gain, et

» ce que vous jouez est si peu de chose,
» et de si peu de durée qu'il y a de la
» folie à le ménager en cette occasion. »
(*Pensée* id.)

On peut répondre à ce singulier raisonnement du grand Pascal.

1° Que, puisqu'il y a pareil hasard
de gain ou de perte, *c'est folie* de risquer le certain pour l'incertain.

2° Que puisqu'il est reçu en principe que l'on peut se sauver dans tous
les états, c'est doublement folie de ma-
cérer son existence, puisqu'on peut
également être sauvé en ne le faisant
pas, et qu'ainsi le criminel repentant
sera aussi bien sauvé que l'anachorète.

3° Enfin c'est faire une bien étrange
et bien fausse application de la doctrine
du libre arbitre, que de l'étendre jusqu'au suicide ; or c'est être véritablement homicide de soi-même que d'abréger volontairement sa vie, par des

jeûnes, des veilles, des privations et des macérations continuelles.

Dieu nous a donné la vie, c'est pour en jouir et la conserver. La vie, ce magnifique présent de Dieu, se compose de la sensibilité et de la pensée. Il posa lui-même les limites de leur extension et de leur usage, passé lesquelles, il y a excès et désorganisation : c'est à nous, à nous renfermer dans les bornes prescrites par le créateur, et ce serait également méconnaître ses bienfaits, que d'outre-passer l'usage de nos facultés physiques et morales, ou de ne leur pas donner toute l'intention dont elles sont susceptibles (1). Pascal se reprochait

(1) Attends ver orgueilleux, enfant de la poussière
Que l'esprit qui d'un souffle anime la matière
     Qui te forma, te paîtrit à son gré,
A son gré décompose une argile grossière,
Et te rende au limon dont il t'avait tiré;
     Baisse ta paupière arrogante ;

son attachement pour sa famille, il s'efforçait d'oublier ses plus proches parens, et de les chasser entièrement de son esprit et de son cœur.

Étrange application des principes d'une religion qui est tout amour, dont la charité est la base essentielle.

» Adieu, chers frères, chères sœurs, » (écrivait M. de Châteaubriand) (1), ne » vous souvenez plus de moi que dans » vos prières, car je suis mort pour vous » et *je désire ne plus vous revoir*, qu'au » jour de la résurrection.

Ses vœux furent promptement exaucés, bien que le climat de Sainte-Suzanne

---

Homme, vis, souffre, adore, et ne demande pas
Pourquoi tant d'ennemis s'attachent à tes pas;
Quand il en sera temps, victime obéissante,
Reçois sans murmurer l'arrêt de ton trépas.

D'ARNAUD, tiré de son *Épître à Ariste*.

(1) Voyez les notes du *Génie du Christianisme*, t. I. p. 328, édition abrégée, in-12.

en Espagne, doive être incomparablement plus sain que celui de la Trappe. Il fut attaqué d'une hydropisie ; il souffrit, avec patience et résignation, tout ce que cette maladie a de plus douloureux et de plus cruel, et mourut neuf mois après sa profession, le 4 janvier 1802.

CHAPITRE XIV.

DE L'ADMINISTRATION.

L'ABBÉ de la Trappe est non-seulement le gérant absolu et non comptable de tous les biens de l'ordre, mais encore il en est le propriétaire.

Tout particulier qui se fait Trappiste, doit, par suite de sa renonciation au monde, faire à la communauté l'abandon de tout ce qu'il possède présentement, ou devra posséder par la suite. Il donne à cet effet des pouvoirs signés en blanc, au moyen desquels l'abbé, soit par lui-même, soit par ses agens, transige et réalise ainsi à son gré des propriétés devenues réellement les siennes.

Indépendamment de ce moyen d'a-
glomération, des sommes considérables
ont été données aux Trappistes depuis
leur restauration, soit par des princes
ou autres personnes puissantes et riches,
soit par suite des marchés ou transac-
tions faites entre l'ordre et les particu-
liers. Il en est un grand nombre qui se
font un devoir, soit par crainte, soit
par égard pour l'opinion, soit par des
considérations tenant aux circonstances
politiques, soit enfin par zèle religieux
ou par cas de conscience, d'abandonner volontairement une partie de leurs
prétentions sur le prix de leurs biens,
et cèdent véritablement beaucoup au-
dessous de leur valeur les propriétés qui
avaient jadis appartenu à l'ordre, ou
qui seulement se trouvent à leur con-
venance.

Ceci explique comment les Trappistes
ont recouvré, ou acquis, depuis leur

retour, pour plus de quatre à cinq cent mille francs de propriétés dans ce seul département.

Mais à qui appartiennent ces propriétés, puisque les pauvres religieux ne peuvent ni lire, ni écrire, ni parler ; que toute relation, avec les choses et les intérêts du monde, leur est interdite ; que les jeûnes, les veilles et les abstinences les réduisent à un état presque complet d'anéantissement, et peut-être même de démence, et qu'enfin ils ignorent parfaitement tout ce qui se fait en leur nom.

Ces biens, déjà considérables, et qui dans peu deviendront immenses, appartiennent à l'abbé, au nom duquel se font toutes les acquisitions et autres actes.

L'abbé, par un testament, en a fait donation au prieur, qui probablement est désigné pour lui succéder. Le prieur, à son tour, a testé en faveur de son successeur présumé; et, de cette manière, tous les Trappistes se sont ainsi fait réciproquement l'abandon des biens qu'ils ne possèdent pas encore, et que peut-être ils ne posséderont jamais.

Cette mesure paraît avoir été adoptée comme la plus propre à prévenir, en cas de révolution, une nouvelle spoliation, comme celle qu'ont éprouvé dans leurs propriétés tous les ordres religieux lors de la révolution.

Cependant les autorités civiles et ecclésiastiques, et notamment l'évêque de ce diocèse, ont senti combien cette manière d'opérer était illégale et même dangereuse, puisqu'elle tend à investir de propriétés considérables des hommes dont un grand nombre sont dignes, sans doute, de respect et de vénération, mais parmi lesquels l'expérience a déjà prouvé qu'il pouvait se glisser des mal-

faiteurs capables d'abuser du dépôt im-
portant qui leur serait confié.

P. S. Au moment où ceci fut écrit,
l'un des religieux de la Trappe, qui avait
quitté le couvent et s'était établi dans
les environs, venait d'être repris de
justice et condamné pour vol. Il demeurait à Soligny, et a subi son jugement dans les prisons d'une ville
voisine.

CHAPITRE XV.

DES TRAPPISTINES.

———

A une lieue environ de la Trappe, est situé le château des Forges, qui appartenait avant la révolution à feue Marie-Françoise de Catinat, épouse de Jean-François le Vayer de Marsilly, maître des requêtes. Elle mourut le 8 septembre 1792, sans enfans. Sa succession, qui était considérable, étant restée sans héritiers, le château des Forges fut vendu comme bien d'émigré, et a passé en plusieurs mains depuis la révolution. L'abbé de la Trappe l'a acheté, à son arrivée, pour y établir le couvent des *Trappistines*, ou femmes Trappistes.

Cette acquisition n'a pas laissé de

faire du scandale et de lui attirer des désagrémens; mais il y a mis fin en faisant ratifier ces ventes par des personnes se disant appartenant à la famille le Vayer de Catinat, et qui s'étaient portées comme héritiers de cette succession. C'était le meilleur moyen qu'eût l'abbé d'éteindre les clameurs qui s'élevaient de tous côtés.

Cependant il parvint à les calmer sur ce point; mais elles se sont rallumées avec plus d'ardeur que jamais, depuis que l'on a su les manœuvres employées pour attirer des néophites dans l'ordre, et surtout le traitement qu'elles y subissent.

En effet, plusieurs familles notables ont eu, m'a-t-on dit, sans que je puisse l'affirmer à déplorer *la perte* de jeunes personnes, qui ont été entraînées par les séductions de leurs confesseurs; ceux-ci, bien qu'étrangers à l'ordre, ne laissent pas d'employer avec ferveur, dans l'intérêt de cette maison, toute l'influence que leur donne leur caractère et leur initiation aux secrets les plus cachés et les plus intimes de l'intérieur des familles.

Le mot de *perte*, que j'emploie, peut d'abord être pris au figuré, pour exprimer l'abandon inexorable et sans retour de ces jeunes personnes. En effet elles se livrent à une piété si exaltée, qu'elle prend bientôt tous les caractères du fanatisme. Elles s'arrachent volontairement du sein de leurs familles, et laissent dans la plus affreuse désolation père, mère, frères et sœurs, qui restent ainsi frappés du coup le plus terrible et le plus inattendu. Car, presque toujours ces résolutions sont concertées avec un grand secret, et ce n'est qu'au moment de l'évasion de ces malheureuses victimes, que leurs parens, à la fois avertis et atterrés du coup qui les frappe, en sont réduits à pousser des cris et des lamentations désormais inutiles; jusqu'à présent les plaintes et l'autorité paternelle ont été infructueuses pour obtenir le retour de ces jeunes filles dans leurs familles.

Une affaire de ce genre a été portée devant le tribunal d'une ville voisine.

Mademoiselle L. V., fille d'un maître des forges des environs de Verneuil, et héritière de plus de cinquante mille livres de rentes, disparut une nuit de chez son père en franchissant des murs. Elle était attendue par des Trappistes, qui la conduisirent au couvent des femmes.

Son père s'étant aperçu qu'elle avait soustrait tant en argent, qu'en bijoux, et papiers, une valeur qui a été portée à trente mille francs, réclama devant les tribunaux, par le ministère de M. B., avoué, que je connais, le retour de sa fille et la restitution de son argent; mais il n'a pu obtenir ni l'un ni l'autre ; la demoiselle ayant été déclarée majeure et maîtresse de ses actions; et quant à l'argent, cette soustraction n'ayant pas été suffisamment prouvée, le tribunal a cru pouvoir se rendre aux puissans motifs que l'on avait d'étouffer cette affaire.

Une tentative semblable a été faite auprès d'une autre demoiselle d'Alenç. parente de madame de S. H. Celle-ci était boiteuse et bossue, mais fort riche. La distance d'Alenç. à la Trappe ayant permis à sa famille de suivre ses traces, elle ne fut absente que deux jours, et fut rendue à ses parens.

La mort de ces jeunes filles suit ordinairement de près leur évasion.

Les austérités de la Trappe, tout excessives qu'elles semblent être, pour les hommes toujours plus forts et plus

robustes que les femmes, sont encore
augmentées à l'égard des filles Trappistes
par une coutume, que l'on peut dire
infâme, et qui, dans le pays, a causé
une telle indignation, que les autorités
sont intervenues et paraissent, en ce
moment, disposées à y mettre ordre.

Il paraît prouvé, d'après une mul-
titude de témoignages, que parmi les
différens degrés de sanctification auxquels peuvent arriver les femmes, l'on
a regardé comme un acheminement
vers la perfection, la *suppression de
leurs menstrues*. En conséquence, elles
se font des immersions d'eau froide, qui
bientôt, comme on le pense, produisent
ce résultat; mais, hélas! quelles en sont
les suites? Des accidens affreux se dé-
clarent, la santé la plus robuste ne saurait résister à de tels assauts; c'est aux
médecins à faire connaître sous les rapports physiologiques, quelles sont les

suites nécessaires d'aussi grandes, d'aussi cruelles imprudences ; bientôt leur santé se trouve délabrée. Les femmes sont extrêmes en tout ; celles-ci regardent leurs souffrances comme autant de faveurs du ciel ; aussi elles se gardent bien d'apporter aucun soin, aucun soulagement à leur état, bientôt aggravé par les autres austérités. Bref, depuis la restauration de l'ordre, un nombre de jeunes personnes, que tout le monde s'accorde dans le pays à dire considérable, sont mortes des suites de cette pratique que j'ai appelée, et que j'appelle encore infâme et abominable, puisqu'il est reconnu qu'il est très-peu de jeunes filles qui puissent y survivre plus d'un an.

L'autorité ecclésiastique a, dit-on, pris connaissance de ces faits, on verra ci-après quelles mesures ont été prises à cet égard.

Je crois devoir répondre ici aux suppositions fausses et aux mauvaises plaisanteries qui ont été faites sur le voisinage de ces deux couvens de sexes différens, et notamment sur la *suppression des menstrues* qui, comme on sait, a, pour résultat, chez les femmes qui peuvent y survivre, d'occasioner la stérilité.

Tout le monde dans le pays s'accorde à dire, qu'il n'existe aucune espèce de communication entre les deux établissemens qui puisse porter atteinte aux mœurs; un seul chapelain réside au couvent des Trappistines; c'est dit-on un homme âgé, et dont la conduite et les mœurs sont à l'abri de toute fâcheuse supposition.

———

CHAPITRE XVI.

DES ÉLÈVES TRAPPISTES.

L'ABBAYE de la Trappe est, comme je l'ai dit, située dans un pays sauvage, marécageux, malsain, et qui me paraît inhabitable pour toute autre classe d'hommes que des solitaires religieux, voués exclusivement au culte de la mort.

Il semblerait, d'après cela, que l'esprit de prosélytisme, si souvent reproché aux divers ordres ecclésiastiques, ne dut pas être dangereux chez les trappistes, à cause de l'excessive austérité de leurs mœurs et surtout par suite de l'imperturbable silence auquel ils sont condamnés pour la vie, et cependant le contraire a lieu. Les Trappistes font des élèves ! ! !

On a vu dans le *Petit Exposé* que j'ai placé au chapitre XII, qu'il y avait à la Trappe un pensionnat. Cet établissement qui est situé à gauche, dans la cour, du côté opposé au bâtiment habité par les Trappistes, le corps de logis K, est habité par des jeunes gens qu'ils nourrissent, logent, entretiennent et instruisent; ce qu'il y a de plus surprenant, c'est que la plupart de ces jeunes gens prennent tellement goût au genre de vie qu'on mène dans cette maison que leur plus grande ambition est de finir promptement leurs études pour se jeter à corps perdu dans toutes les rigueurs de la Trappe.

Je ne prononcerai pas sur le genre

d'éducation qu'ils reçoivent, car j'ignore absolument en quoi il consiste, et quels peuvent en être les avantages et les inconvéniens; toutefois il semble qu'une éducation qui a pour base l'abnégation du monde, l'oubli total des affections de famille, le renoncement aux devoirs et aux droits de citoyens et d'hommes civilisés, doit être essentiellement contraire, si non à la morale divine, du moins à la morale humaine, et à toutes les vertus sur lesquelles est fondée la sociabilité.

, Que des hommes las du monde, fatigués de la vie, qui ont payé leur tribut à la société, expient par le retirement et les austérités du cloître, les écarts d'une vie orageuse qu'ils n'auront pas eu le bonheur d'employer toute entière à faire du bien, à aimer, à secourir leurs semblables, la chose se conçoit et peut avoir son utilité.

Mais qu'ont à expier des êtres qui n'ont pas encore vécu; et le mal possible qu'ils pourront éviter par une réclusion préventive, peut-il compenser le bien réel qu'ils eussent fait dans le monde, en y vivant honnêtes gens ?

J'en étais là de mes réflexions, pendant lesquelles un de mes compagnons et moi, nous étions écartés, pour ne point scandaliser notre guide, quand le dîner sonna.

CHAPITRE XVII.

LE DINER.

Il fut simple, mais fort proprement servi, et consistait, selon l'usage, en quatre plats, savoir : une soupe au lait, une omelette copieuse, dorée et bien faite, du riz au lait, et du gruau en bouillie.

Nous avions chacun une bouteille de cidre assez bon. Le pain d'une bonne qualité et semblable à celui que mange la classe ouvrière dans le pays.

L'hôtellier nous demanda si le service nous convenait, et nous pria, dans le cas où nous désirerions autre chose, de le demander de suite, attendu que la

règle défendait de parler à table, et
qu'il nous priait avec instance de vouloir
bien nous y conformer, à quoi nous
consentîmes, l'assurant que le dîner
était bien suffisant, et qu'il nous convenait ainsi. En effet, il était servi avec
beaucoup de soin et de propreté, en
vaisselle de faïence, couverts d'étain,
et linge un peu gros, mais fort blanc.

Les murs de la salle sont badigeonnés
à la chaux, et décorés d'images et d'emblêmes de piété. Sur la cheminée est
un portrait, que j'ai supposé être celui
du duc de Penthièvre, parce que le
corps de logis E où nous étions est
celui qu'il occupait pendant la retraite
qu'il faisait annuellement à la Trappe.
En face de la cheminée est cette seule
et imposante inscription : *Dieu me voit.*

Dès que nous fûmes à table, le moine
commença une lecture ; c'était la vie
d'un ancien Trappiste, à laquelle nous

ne fîmes guère d'attention, parcequ'elle
ne présentait rien de bien intéressant ,
malgré que, selon son historien, ce bon
père ait mérité, par sa piété exemplaire,
les honneurs de la béatification.

Pendant ce temps, un jeune Trappiste de dix-huit à vingt ans, nous ser-
vait avec grande attention , et veillait à
ce qu'il ne nous manquât rien.

Il donna, pour dessert, des pommes ,
des noix et du fromage de Gruyère, que
les moines font eux-mêmes, mais qui
me parut un peu amer , trop compact,
et sans yeux.

Avant de quitter la salle, on nous fit
écrire nos noms sur un registre , dont
je parcourus quelques feuillets, et où
chacun est libre d'écrire ses pensées,
soit en prose, soit en vers. Je n'y trouvai rien qui méritât d'être copié. L'un
de nos compagnons de voyage com-

posa et inscrivit, sur le registre, les vers
suivans :

Fatigué de la vie, isolé sur la terre,
J'ai voulu visiter ce pieux monastère ;
Hélas ! le cœur rempli de trouble et de douleur,
J'ai quitté ce saint lieu ; j'y reviendrai peut-être :
Pénétré de respect, ignorant le bonheur,
Je viendrai le goûter près du Souverain Maître.

CHAPITRE XVIII.

LE JARDIN.

———

APRÈS dîner, nous descendîmes au jardin qui est assez vaste, et qui nous parut s'étendre au loin vers le grand étang.

Il se compose de carrés, plantés d'arbres et de légumes. C'était l'hiver, et nous ne pûmes voir si les religieux poussaient l'austérité jusqu'à se priver du plaisir de cultiver des fleurs. Je serais tenté de le croire; car c'est à mon avis l'une des jouissances les plus douces de la vie; et à ce titre, les innocens plaisirs du jardinage doivent être proscrits de la Trappe. Pourtant, quel culte plus pur à rendre à l'auteur de la nature, que d'admirer, que de soigner ses productions.

Je n'avais pas fait attention d'abord au genre de plantation du carré de jardin, qui se trouve précisément sous les fenêtres du bâtiment, et à côté de la porte d'entrée L; mais tout-à-coup, j'y remarquai un certain nombre de petites croix noires, en partie cachées dans l'herbe, et qui m'apprirent que l'on avait ainsi placé le cimetière au plus près, au lieu de l'éloigner vers le bout du jardin qui avoisine l'étang, ce qui eût été plus sain pour la communauté (1).

(1) Peut-être ai-je foulé dans mes pas incertains
    Un cœur tout dévoré d'une céleste flamme,
    Celui qui d'un empire eût fixé les destins,
    Celui qui sur la lyre eût exhalé son âme.

    S'ils n'ont point agrandi dans leur sublime ardeur,
    Des dépouilles du temps la science enrichie,
    De leur âme de feu comprimant la hauteur,
    La froide austérité subjugua leur génie.

Je ne pus me défendre d'un sentiment profond de tristesse et de pitié,
en voyant avec quel soin, avec quel
empressement, ces pauvres réclus cherchent à s'entourer de tout ce qui peut
leur rappeler l'idée de la mort. Leurs
fleurs, ce sont des croix noires; leurs
perspectives, ce sont des tombeaux;
leur promenade, c'est un cimetière :
une grande croix de bois, également
peinte en noir, termine cette allée.
Elle se dessine dans le feuillage sombre
de quelques sapins voisins, et couronne
un grand banc de gazon, où les religieux viennent se repaître, s'enivrer
de l'aspect de la mort.

Des désirs insensés ils surent s'affranchir;
Éloignés des débats de ces grands qu'on révère,
Ils suivirent en paix, sans craindre l'avenir,
Le sentier de la vie, étroit et solitaire.

Fragment de l'*Élégie* de *Thomas Gray.*
Trad. de Chénier.

Près de ces tombes était une fosse ouverte. Nous nous empressâmes de demander au père s'il était mort quelqu'un d'eux. Pas encore, répondit-il, mais cela ne tardera pas. — Quoi, répondis-je avec une sorte d'effroi, vous creusez vos fosses d'avance. Je l'avais bien entendu dire ; mais je croyais que c'était un conte. — On n'en creuse qu'une, reprit-il, et chacun de nous espérait que celle-ci lui était destinée, mais il paraît que cette faveur est réservée au père Stanislas.

Ces paroles furent prononcées avec plus de véhémence que tout ce qui avait été dit jusqu'alors : la mélancolie profonde, simple et naturelle du moine fit sur nous une vive impression.

Notre chétive philosophie se trouva en défaut. L'opinion où chacun de nous semblait être (*in petto*), que tout ce que nous avions vu jusques-là n'é-

tait qu'un jeu, qu'une véritable mome-
rie, faite pour en imposer, s'évanouit;
et de cet instant, nous conçûmes tous
en même temps, comment il se pouvait
que des hommes, fatigués de la société,
se retirassent et vinssent, avec une sorte
de volupté mystique, oublier le monde
tout entier, pour n'aspirer désormais
qu'après une autre vie.

Le proverbe *quand le diable fut vieux,
il se fit hermite*, nous était venu bien
des fois à l'esprit; mais ce n'était point
ici le cas d'en faire l'application. A en
juger par l'hôtellier, c'étaient des jeunes gens, des gens du monde, pleins
d'esprit, d'instruction, de bon ton,
d'élégance, de jeunesse et de santé, qui
venaient ainsi respirer, avec délices, le
parfum de la mort, et qui, libres dans
leur choix, semblaient s'y complaire et
préférer de telles jouissances à tout ce
que le monde, le monde qu'ils n'aban-

donnaient pas sans l'avoir bien connu,
pouvait leur offrir.

Les paroles du père hôtellier avaient
excité notre curiosité, nous désirâmes
savoir ce que c'était que le frère Stanislas.

———

CHAPITRE XIX.

LE FRÈRE STANISLAS.

C'EST une règle invariable à la Trappe, que le nom, la famille, l'état, la vie antérieure de chaque membre de la communauté, restent ensevelis dans le plus profond secret.

Toutes les questions que nous fîmes, à ce sujet, demeurèrent sans réponse; et ce n'est que depuis que j'ai appris, dans la ville voisine, où son secret avait transpiré, qu'il était fils d'un armateur de La Rochelle, fort riche, ayant des hôtels à Paris, et que son père lui avait offert, mais en vain, des sommes consi-dérables pour le détourner d'une vocation si austère et si peu en rapport avec son rang, sa fortune et son éducation.

Il a vingt-cinq ans, nous dit le moine. Que vingt-cinq ans, nous écriâmes-nous tous ensemble avec l'accent d'une douloureuse surprise!!! Oui, reprit-il, que vingt-cinq ans, qu'il a su employer d'une manière bien profitable pour lui et bien édifiante pour nous.

Il est présumable maintenant qu'il ne passera pas la journée. Tout le matin, il a été occupé à dicter des lettres fort importantes pour les intérêts de la communauté, dont il avait été chargé. La supériorité de son esprit, et ses grandes connaissances dans les affaires, lui avaient mérité l'entière confiance de notre supérieur. Présentement, si peu qu'il lui reste de force, il l'emploie à réprimer sa joie de se voir bientôt en possession de cette tombe que nous

ambitionnions tous (1); et maintenant
qu'il est sûr qu'elle ne peut plus lui
échapper, il met sa force et sa vertu à
réprimer le peu d'orgueil que lui cause
la possession d'un tel bien : il tâche à
nous consoler, et semble nous prier de
lui pardonner le larcin qu'il nous fait.

J'avouerai qu'il ne m'était jamais ar-
rivé de rencontrer dans le monde de
ces hommes doués d'une foi aussi robuste, de cette persuasion intime, profonde, évidente, qui, au besoin, de-
viendrait du fanatisme, pour peu qu'elle
fût combinée avec un caractère emporté
et des passions violentes. La plupart des
ecclésiastiques du monde ne se livrent
aux pratiques religieuses que par respect humain, par ambition, ou avec

(1) Son corps n'a plus d'empire, et l'âme toute pure,
Impose pour jamais silence à la nature.

RACINE fils.

cette insouciance que l'on apporte ha-
bituellement à exercer un métier qui
nous est nécessaire.

Il n'en était pas de même ici; et je
dois dire que cet exemple d'un enthou-
siasme religieux, si profond, si vrai, si
désintéressé, enfin si profondément
ignoré et si bien dégagé de toute espèce de considération humaine, a laissé
en moi un souvenir qui s'effacera diffi-
cilement.

Nous restions comme stupéfaits, et
nous ne savions nous éloigner de ce
misérable trou si fort envié, et qui
pourtant nous paraissait si peu dési-
rable. Il y avait déjà quelque temps qu'il
était creusé, car l'herbe avait poussé et
retombait sur ses bords. Immédiatement après la mort d'un Trappiste, on
ouvre une nouvelle fosse, comme si
l'orifice de ce vase de mort, placé au
milieu de leur parterre, était le spec-

tacle le plus propre à réjouir l'œil de ces
hommes, dont la principale affaire est
désormais d'apprendre à bien mourir.

Il n'est donc pas vrai, comme on le
dit, que les Trappistes enlèvent chaque
jour une pelletée de terre de leur fosse;
mais cette seule fosse se creuse en cérémonie, immédiatement après la mort
de l'un d'eux, comme pour en voir plutôt le fond, et contempler le sol qui
doit recevoir leurs ossemens.

Le Trappiste mort n'est ni enseveli
ni mis dans un cercueil. C'est comme
cela, disait notre conducteur, avec
l'expression la plus gaie que nous ayons
encore remarquée sur sa figure, c'est
avec nos vêtemens, et tels que me voilà,
que l'on nous met en terre ; seulement
on rabat le capuchon sur notre visage;
et en disant cela, il rabattait son capuchon, et semblait le laisser avec complaisance. Quand il le releva, sa figure

avait repris toute sa mélancolie habi-
tuelle, qui semblait s'être accrue du re-
gret de revoir encore la lumière (1).

La journée s'avançait, il était l'heure
de songer au retour; le moine nous fit
un profond salut, et nous remercia de
nouveau de notre visite; après quoi
nous sortîmes, emportant un profond
sentiment de tristesse et d'émotion de
tout ce que nous avions vu.

(1) La tombe est ma maison, la tombe est mon empire,
La mort est destinée à tout ce qui respire.

JOB.

CHAPITRE XX.

LE PÈRE MÉDECIN.

Nous vîmes en sortant un groupe de gens de tout âge et de tout sexe, rassemblés à la porte d'une petite auberge qui est proche le couvent (1). Ils attendaient leur tour pour consulter le médecin.

Ce médecin remplace feu M. L'Herminier, ancien Trappiste, qui avait habité ce lieu pendant toute la révolution. Il demeurait dans le bâtiment N.

---

(1) . . . . La piété sincère,
A tous les malheureux ouvre son sanctuaire ;
L'humanité s'assied aux marches de l'autel.

ARNAUD.

12

Sa réputation s'étendait à trente ou quarante lieues à l'entour, et s'étayait sur des cures véritablement merveilleuses ; non pas, que je croie, que dans un tel rayon, il ne se trouvât plusieurs médecins aussi savans que lui ; mais je pense que si jamais la science de l'homme intellectuel sortait du cahos où elle est de nos jours, il nous serait aisé de comprendre quelle est, surtout dans l'état pathologique, l'énorme influence du moral sur le physique, et d'expliquer comment des malades font avec succès un pélerinage de 20 à 30 lieues, pour venir voir un médecin, espèce d'anachorète, dont on vante au loin le savoir, dont l'isolement, la retraite sauvage, la gravité, l'ancien état, le costume, les ruines qui l'entourent, font vibrer sourdement la corde superstitieuse, qui, dans l'imagination de tous les hommes, se trouve plus ou moins tendue.

C'est dans cette disposition d'esprit, que des remèdes simples, mais actifs, et administrés avec sagesse et une véritable connaissance de l'art, peuvent opérer à la Trappe ce qu'on en attendrait vainement ailleurs.

La perte de M. le docteur L'Herminier fut une véritable calamité pour le pays. Il paraît, au reste, avoir été très-dignement remplacé par le *père de Bréme*, médecin actuel du couvent de la Trappe.

Je ne pus le voir qu'un instant, mais je reconnus en lui le moine dont la figure régulière et spirituelle m'avait frappée à l'office. Il donnait alors une consultation, et écoutait le plaignant avec douceur et attention, l'aidant à exprimer les symptômes de sa maladie. Il en fit ensuite un résumé simple et lucide, et lui donna son ordonnance.

On ne paie jamais que la valeur des

remèdes. Le père de Brême a déjà
éprouvé des persécutions de la part des
médecins et autorités de quelques villes
voisines , qui n'ont pas manqué de
l'accuser de charlatanisme, mais il a jus-
tifié de diplômes en règles. Joignant au
titre légal de docteur-médecin celui de
professeur aux écoles de Montpellier et
de Paris.

CHAPITRE XXI.

LE RETOUR.

Nous quittâmes la Trappe profondé-ment émus de tout ce que nous avions vus, et nous fîmes environ une lieue plongés dans nos réflexions et sans dire un mot. Nous suivîmes un chemin à travers le bois, plus court et plus agréable que celui que nous avions pris en allant. Tout-à-coup l'un de nos compagnons nous dit : « Voilà une petite maison assez jolie en apparence, mais qui a été le théâtre d'événemens bien différens de tout ce qui se passe à la Trappe.

L'homme qui l'habitait avait em-

prunté cinq mille francs à une veuve à
qui appartenait cette autre maison que
l'on aperçoit à un quart de lieue, en lui
promettant de l'épouser; mais un soir il
l'a attirée dans cette vieille tour qui est
à côté de sa maison, et l'a assassinée.
Comme il la transportait dans ses bras
au fond de ce bois, qui est à cinq cents
pas d'ici, pour l'enterrer, une jeune
servante de dix-huit à vingt ans, qui
était à son service et qu'il avait éloignée
pour faire son coup, revint plutôt qu'il
ne croyait; et craignant qu'elle n'eût
aperçu quelque chose, il l'a également
tuée, malgré qu'elle fût enceinte de lui,
et l'a enterrée à quelque distance de la
veuve Bigot.

Pendant ce récit, nous arrivâmes effectivement au lieu où ces malheureuses
victimes avaient été déposées; bien
qu'assez près du chemin, le monstre
l'avait choisi avec adresse sur un revers

de côte, dans un lieu planté de joncs marins, appelés *glondats* dans le pays. Ces plantes sont extrêmement piquantes, et rendaient cet endroit inabordable.

Nous ne pouvions nous taire sur la férocité d'un homme qui avait eu le courage et la force de porter dans ses bras, pendant un trajet de plus de cinq cents pas, deux femmes qu'il avait aimées et qu'il venait de massacrer.

On a su depuis que ce double crime avait été découvert, que plusieurs voyageurs avaient disparu dans cet endroit.

Ce monstre se nommait Friloux. Il possédait un bien de douze à quinze cents livres de rente. Il a été jugé à Alençon, et a été exécuté à Mortagne, sur la place, le jour de mi-carême 1820. Il n'avait que trente-deux ans, était borgne, fort marqué de petite vérole, et d'une figure sinistre.

Il a montré toute sorte de faiblesse et de lâcheté en allant à la mort; la vue de l'instrument lui a fait perdre toute contenance; et cependant sa force vitale était telle, que son corps séparé de la tête et placé dans le cercueil s'est encore agité plusieurs instans.

Quelle différence de cette mort à celle si tranquille et si suave du jeune et vertueux frère Stanislas. Combien la douceur, la noblesse de ses traits, que tout le monde citait dans le pays; que ses grands et beaux yeux noirs, mourans, élevés vers le ciel, contrastent avec l'œil hagard du monstre, ne pouvant pas fixer le glaive qui l'attend. Quel contraste entre ce corps bondissant, qui se révolte encore contre la mort après qu'elle l'a frappé, et ces

mains blanches , innocentes , libres et
pures de Stanislas, étendues vers sa tombe. Alors, tous ensemble et comme par
une commune inspiration , nous nous
rappelâmes la première devise qui s'é-
tait offerte à nos yeux en entrant à la
Trappe :

S'il paraît dur de vivre ici ,
Il est bien doux d'y mourir.

13.

CHAPITRE XXII.

POST SCRIPTUM.

Ce petit travail, assez négligemment fait comme on voit, était resté depuis plus d'un an dans des cartons. Ne jugeant pas qu'il méritât les honneurs de l'impression, on s'était contenté d'en faire part à quelque amis, qui prirent avec intérêt connaissance des faits qu'il renferme.

Ayant eu l'occasion depuis peu de temps de faire un nouveau voyage à la Trappe, l'auteur a trouvé les circonstances bien différentes de ce qu'elles étaient alors.

Une discussion fort vive s'était élevée

entre l'abbé de la Trappe et l'évêque du diocèse où elle est située. Celui-ci, averti par les clameurs du pays , des austérités excessives de l'ordre et du nombre de victimes qui y succombaient, particulièrement chez les femmes , désira prendre connaissance du régime intérieur de cette maison et y mettre ordre.

En effet, ces malheureuses victimes une fois engagées et retenues, soit par une fausse honte , soit par des moyens de violence ou de séduction , soit enfin par respect pour leurs sermens , aimaient mieux attendre une mort certaine que de s'exposer aux reproches de leurs familles.

Cet inconvénient était beaucoup moins grave pour les hommes, qui plus forts ou plus résolus, peuvent, soit avec l'autorisation du supérieur, soit en prenant clandestinement la fuite, ainsi

qu'un grand nombre l'a fait, se soustraire à un genre de vie qu'ils ne peuvent supporter.

On savait que plusieurs de ces hommes, échappés du couvent et n'ayant
pu obtenir de papiers pour rentrer dans
leurs familles, avaient été arrêtés comme
vagabonds par la gendarmerie, et con-
duits dans les prisons des villes voisines.

On savait qu'il y en avait même qui,
forcés par la nécessité ou l'habitude,
avaient commis des délits et subissaient
des punitions.

D'autres s'étaient retirés dans les vil-
lages voisins, où, reprenant la vie ci-
vile, ils s'étaient mariés et livrés à divers
genres de commerce ou de spécula-
tion.

L'évêque avait surtout appris de
quelle manière s'administraient les biens

de la Trappe, à quel titre cet ordre en était investi, et les graves inconvéniens qui pouvaient résulter d'un mode de donations successives et réciproques.

Ces considérations, et d'autres encore que nous nous dispenserons d'accumuler, déterminèrent l'évêque à intervenir dans la gestion des affaires de la Trappe, à prendre connaissance de son régime intérieur, et à demander compte à l'abbé de son administration.

On assure que l'abbé de la Trappe, prétendant être le maître absolu de son ordre au spirituel comme au personnel, et sous les rapports *financiers*, répondit avec hauteur à l'évêque qu'il ne rendrait pas de comptes; que sur ce, l'évêque écrivit en cour de Rome, que l'abbé de la Trappe fut requis de donner des explications, et qu'une discussion fort vive s'éleva à ce sujet.

Les bruits les plus bizarres et les plus contradictoires coururent pendant six mois dans le pays; mais on conçoit combien il était difficile de se procurer des documens officiels. En mai 1822, on répandit que tout était arrangé, que le calme allait renaître au monastère, moyennant quelques concessions que l'abbé consentait à faire à l'évêque; mais c'était le calme plat qui précède la tempête. Tout-à-coup l'on apprit que dans les deux communautés d'hommes et de femmes tout le monde avait disparu, et qu'il ne restait plus que deux ou trois moines, chargés de veiller à l'entretien des bâtimens et de toucher les revenus.

On ignore de quel côté ils ont tourné leurs pas. On dit qu'ils sont retournés en Angleterre; on dit qu'ils se sont contentés de changer de diocèse, espérant trouver ailleurs un évêque moins clairvoyant ou plus accommodant ; on dit qu'ils se se sont divisés et répartis dans les autres couvens du même ordre, et ce bruit paraît être le plus fondé et le plus raisonnable. On dit.... que ne dit-on pas ?

Quoi qu'il en soit de tous ces bruits et de beaucoup d'autres qu'il est inutile de reproduire ici, on a cru faire une chose à la fois utile à l'humanité, et intéressante pour le public en faisant connaître des faits si curieux et presque généralement ignorés, en signalant de si monstreux abus, et en appelant l'attention d'un gouvernement essentiellement bienfaisant, sur un essaim de malheureux abandonnés à eux-mêmes, qu'un excès de piété mal entendue, et peut-être aussi la morgue et l'indocilité d'un chef ambitieux ou fanatique veulent soustraire à la surveillance toute paternelle des

autorités civiles et religieuses, et qui,
croyant par la fuite avoir évité des regards importuns, ne manqueront pas
de se venger sur eux-mêmes de la pitié
qu'ils inspirent en redoublant d'austérités et d'extravagances, et en repous-
sant loin d'eux cette sollicitude bien-
veillante et paternelle, que dans leur
pieux délire ils appelleront peut-être
une persécution.

NOTES.

L'impression de *la Promenade à la Trappe* étant commencée lorsque ces notes sont parvenues, il n'a pas été possible de les insérer dans l'ouvrage : mais elles rempliront ici le même objet

NOTES.

NOTE I.
page 1 , ligne 7.

Par son chef actuel.

Peut-être nous eût-il été possible de nous procurer un assez grand nombre de particularités
curieuses sur la vie politique de ce grand abbé ;
mais nous avons jugé à propos d'éviter ici, le
plus possible, toute espèce de personnalité.

NOTE II.
page 3 , ligne 17.

*... Cet abbé compte seize couvens sous sa
direction.*

Le nombre de ces couvens varie souvent. Il y
en a eu, depuis peu de temps, plusieurs de suppri-

més, telles sont les maisons de *Ste-Susanne*, près Alcannitz en Espagne.

Celle d'*Alowovthw*, dans le comté d'*Orset-Shire*, près Waren en Angleterre, etc., et d'autres nouvellement rétablies, ou fondées, comme la *Meilleraye*, près de Nantes, *Notre-Dame*, près de Mortagne, etc.

NOTE III.

page 27, ligne 10.

Privé de toute espèce d'émotion.....

Il paraît que ceci est une erreur. Je tiens d'un ancien Trappiste cette assertion bien différente, que la sympathie et l'antipathie sont, à la Trappe, les deux plus grands tourmens de la vie.

« On s'y hait, dit-il, ou l'on s'y chérit plus que partout ailleurs. »

Si cela est, le silence et les austérités imposés par les réformateurs, loin de remplir leur but et d'amortir les passions de l'homme, ne font qu'irriter son esprit, enflammer son imagination, aigrir son caractère, et accumuler en lui de ces émotions concentrées qui font tant de ravage, quand elles ne trouvent pas d'issue par où s'épancher.

NOTE IV.

page 28 , ligne 3.

Quand l'assemblée constituante supprima les couvens.

Lorsque le décret de la convention , qui supprimait tous les couvens en France , fut connu à Mortagne, les Trappistes se partagèrent sur le parti qu'il fallait prendre. Les uns penchaient pour profiter de cette occasion de rentrer dans le monde, d'autres proposaient d'aller se perpétuer dans quelques coins de l'Europe. L'abbé était mort depuis plusieurs mois. Le Prieur , naturellement désigné pour lui succéder , voyait avec peine s'échapper l'occasion de devenir chef de l'ordre. A la tête du noviciat , était un homme qui depuis a joué un grand rôle , et s'est trouvé souvent en rapport avec différens souverains ; c'est l'abbé de Lestrange , chef actuel de l'ordre.

NOTE V.

page 28, ligne 21.

Avoir tué père et mère pour se faire Trappiste.

Ce dicton populaire repose sur un raisonnement assez spécieux. Les Pénitences et les austérités de la Trappe sont trop sévères pour que l'on puisse les trouver en rapport avec les fautes de la vie commune. Il est donc naturel de penser que celui qui se soumet à un tel genre de vie a pour motifs, ou l'expiation volontaire de quelques grands crimes cachés, ou l'espérance, plus naturelle encore, d'échapper, sous cet habit, à l'œil vigilant et au glaive de la loi.

Le dogme d'un Dieu rémunérateur et vengeur est fondé sur la justice et l'équité; la justice des hommes n'en est qu'une imitation imparfaite. La conséquence de cette idée, c'est que les peines et les récompenses doivent être proportionnées aux actions. D'après ce principe, on peut se demander : quelles dûrent être les fautes des Trappistes, si elles méritèrent des macérations aussi excessives ? A moins d'admettre un système de *pénitences préventives* dont le but serait d'obtenir, dans l'autre monde, des récompenses formant compensation avec les souffrances de celui-ci... Mais l'examen de ces questions nous mènerait trop loin.

NOTE VI.

page 53 , ligne 2.

La Trappe était tombée dans la licence et le relâchement.

On lit dans plusieurs vieilles chroniques et mémoires relatifs à l'histoire du Perche, « Qu'avant la réforme introduite par l'abbé de Rancé, en 1663, cette maison était tombée dans la plus grande dissolution, et que la Trappe n'était alors qu'un repaire de voleurs qui détroussaient les passans.

NOTE VII.

page 53 , ligne 28.

Le supérieur actuel a enchéri sur l'austérité de l'ancienne règle......

Un schisme des plus violens et des plus acrimonieux s'est élevé entre les différentes maisons de l'ordre des Trappistes, au sujet de cette innovation, et a promptement pris le caractère d'animosité ordinaire aux querelles religieuses.

L'abbé dom Augustin de Lestrange, chef actuel de l'ordre des Trappistes, croyant qu'il était de son honneur de faire mieux ou pis que l'abbé de Rancé, et ne voulant pas se traîner dans l'ornière des austérités vulgaires, pratiquées depuis plus d'un siècle, s'ingénia pour en inventer de plus terribles encore; et ne voulant pas qu'il fût possible aux abbés, ses successeurs, de se distinguer désormais par aucune autre innovation, à moins d'introduire le martyre, les tortures et le suicide, il a trouvé piquant, comme un autre *M. de l'Empirée de dérober* ses successeurs, et de leur enlever d'avance la gloire d'aucun perfectionnement dans ce genre.

La réforme nouvelle a été composée au monasère de *la Val Sainte*, près de Fribourg en Suisse. Ce règlement qui forme 2 vol. in-4., a été imprimé chez Pillet, libraire de cette ville. Il est déjà introduit, par l'abbé de Lestrange, dans six couvens d'hommes et cinq de femmes. Les autres maisons, effrayées avec raison de ce surcroît d'austérités, ont conservé la règle de l'abbé de Rancé, déjà bien assez sévère assurément. L'abbé de Lestrange a prétendu user de son autorité; mais ces maisons ont cru pouvoir s'y soustraire, et ont persisté, jusqu'à présent, dans leur ancienne règle. Elles paraissent avoir reconnu pour supérieur, dom Germain, abbé supérieur du monastère du Gard, près d'Amiens, natif de Montreuil-sur-Mer.

Une guerre très-violente s'est ouverte entre les deux partis : des pourparlers et des négociations sans nombre ont eu lieu sans aucun succès; des personnalités dures ont été dites; des vérités fâcheuses, pour l'ordre, sont échappées de part et d'autre.

Chaque parti a adopté une devise que l'on voit figurer en tête de toutes les lettres, de tous les mémoires, de tous les factum.

La devise de l'abbé de Lestrange est :

La sainte volonté de Dieu.

Celle de l'abbé dom Germain est :

Gloire à Dieu.

Quel abus monstrueux des expressions les plus saintes, des noms les plus sacrés !

NOTE VIII.

page 55, ligne 5.

Un nombre illimité de victimes ignorées.

Les principaux couvens de Trappistes sont:

Notre-Dame de la Val-Sainte, près de Fribourg en Suisse. C'est dans cette maison qu'a été composée la réforme nouvelle, adoptée par l'abbé dom Augustin de Lestrange, chef actuel de l'ordre. (Plus de deux cents religieux se sont trouvés réunis dans cette maison).

Notre-Dame de la Trappe, près de Mortagne, chef-lieu de l'ordre, où se trouvaient réunis environ 50 à 60 religieux (selon Lestrange).

Belle Fontaine, en Vendée, à 7 lieues de St.-Jean-d'Angély, environ 70 religieux (selon Lestrange).

La Meilleraye, à 3 lieues de Nantes, environ 60 religieux (selon Lestrange).

Aigue-Belle en Dauphiné, à 4 lieues de Montelimart, environ 45 religieux (selon Lestrange).

Le Port du Salut, à une lieue de Laval, 90 religieux (selon Rancé).

Le Gard de Piquiny, près d'Amiens, environ 40 religieux (selon Rancé).

Notre-Dame de Miséricorde, près d'Ast en Piémont, environ 25 religieux (selon Rancé).

Amstett, à 4 lieues d'Anvers, 25 religieux (selon Lestrange).

Couvens de femmes.

Maison des Forges, près de la Trappe de

Mortagne, environ 5o religieuses (selon Lestrange).

Maison des Frères-Jean, à une lieue de Lyon,
environ 5o religieuses (selon Lestrange).

Belle-Fontaine en Vendée. La maison destinée aux femmes, n'étant pas encore achevée de
bâtir, elles habitent une partie du bâtiment des
hommes, où des séparations, en cloison, ont été
faites. On assure que la plupart des Trappistines
de Mortagne se sont retirées dans ce couvent.
(Selon Lestrange).

A *Pool* (Angleterre), le couvent de femmes
est dirigé par la célèbre madame de Cabanès.
C'est dans cette maison qu'est morte la mère de
M. de Châteaubriant, environ 6o religieuses
(selon Lestrange).

Près de *Liège*, maison de 12 religieuses (selon
Lestrange).

A *Laval*, maison de   religieuses (selon de
Rancé).

Sainte-Susanne, près Alcannîtz en Espagne,
a été détruite en décembre 1820, le jour de St-
Etienne. (C'est dans ce monastère qu'est mort le
frère de M. de Châteaubriant, le 4 janvier
1802.)

L'*Alowovthw*, comté d'Orset-Shire, près de Waren en Angleterre, à 120 milles de Londres, ayant été supprimée, ses religieux revinrent en France sur une frégate que leur donna S. M. Louis XVIII, et se sont retirés à la Meilleraye, où ils ont acheté pour 160 mille francs de propriétés.

Outre ces principales maisons, il y en eut encore un assez grand nomb e d'autres qui subirent divers changemens. Telles sont celles d'*Este-vager*, du *lac de Neufchâtel*, de *Maudon*, de la *Foche*, de *Guyère*, *Prarewen*, *Hariedral*, *B·ill*, *Chatel Saint-Denis*, etc., etc. Dans le Valais, à *St-Branché*, près de *Sion*. La princesse de Condé habita cette maison.

Il y en eut à *Biella* en Piémont, et à *Mont-Bras*, à *Vescanio*, en Sabine, dans les états romains, sur le littoral de *Génes*. Ces maisons furent les premières fondées avec la *Trappe d'Arragon* en Espagne, celles d'*Angleterre* et d'*Arfeld* en Westphalie; il y en eut également en *Irlande*, en *Brabant*, dans le pays de *Liège*, à *Munster*, dans le grand duché de *Berg*, au *Canada*, etc., etc.

page 59, ligne 6.

Des millions,

Toutes les acquisitions étant faites au nom de l'abbé, lui appartiennent; il en résulte que chaque couvent est une sorte de ferme exploitée par les Trappistes eux-mêmes, qui sont ses bûcherons, ses laboureurs, sorte d'ouvriers fort économiques, sans doute, puisqu'ils ne dépensent pas plus de 40 à 50 f. par an pour leur nourriture; de cette manière, les revenus de ces terres restent presque intacts, ce qui, joint à la dot particulière de chaque Trappiste, aux quêtes, aux donations, aux bons marchés de toute nature, doit finir par faire des sommes énormes.

NOTE X.

page 66, ligne 2.

Ne posséder plus que Dieu.

Cette *vie intérieure* à laquelle aspire un Trappiste est fort difficile à obtenir, par suite même des statuts nouveaux de l'ordre.

D'abord, cette loi terrible du *silence*, que Saint-Benoît n'avait ordonnée que pour quelques heures de la journée, ayant été changée en silence *absolu*; il en résulte, que ces malheureux se trouvent bientôt gonflés, remplis d'émotions qu'ils ne peuvent répandre au dehors, qui les tourmentent, qui les fatiguent, et qui, certainement, sont un obstacle au repos et à la quiétude de la vie intérieure; ensuite, cette pratique de la *confession réciproque* est fort commode, sans doute, pour que l'abbé sache tout ce qui se passe dans la maison, d'après ce grand principe de Machiavel, *diviser pour regner*; mais elle est essentiellement contraire à la bienveillance mutuelle, à la charité et aux douceurs *de la vie intérieure*. Elle tend, au contraire, à remplir le cœur des Trappistes, de fiel, d'amertume; de vengeance et de haine; car, bien qu'il leur soit dit, qu'ils doivent supporter toutes les humiliations avec patience et résignation, c'est je crois, de cette perfection, que l'on peut, dire *beaucoup d'appelés et peu d'élus*, et ce ne doit être qu'après un long exercice, qu'il soit permis d'y atteindre.

Il serait donc difficile, que les réformateurs pussent échapper au reproche d'ambition. Est-ce leur salut qu'ils veulent faire, ou celui des autres? Dans ce dernier cas, de quoi se mêlent-ils. Si c'est pour eux qu'ils travaillent, que n'exercent-ils sur eux-mêmes la punition, au lieu de l'infliger aux autres.

Mais non, faire parler de soi, se donner le renom d'un homme extraordinaire, d'un saint homme, voilà ce que l'on veut acquérir au prix des souffrances de ses frères.

NOTE XI.

page 66, ligne 19.

L'abbé est à la fois le supérieur et le confesseur.

Les Trappistes font serment de rendre compte à l'abbé de tous leurs sentimens, de leurs émotions les plus cachées, de leurs pensées les plus intimes.

Il arrive d'ailleurs, souvent, que le silence et l'inquiétude suffoquent ces malheureux, au point qu'ils ne puissent plus résister au désir d'aller se eter aux pieds du supérieur, pour lui ouvrir leur âme et épancher dans son cœur le chagrin qui les dévore.

Cette demande s'exprime d'un signe; l'abbé monte à son cabinet, le Trappiste se jette à ses pieds, et porte la main sur la bouche. Si le supérieur veut écouter, il répond, *dominus*. S'il refuse, il dit, *deo gratias*; le moine alors ne peut rompre le silence, et il faut qu'il se retire.

Lorsque l'abbé ou le prieur consentent à prêter l'oreille à ces épanchemens, il leur arrive souvent d'écouter d'assez mauvais complimens. Ces hommes, aigris par la sévérité de la règle à laquelle ils sont condamnés, profitent alors de la permission qui leur est donnée, pour éclater en reproches; *il me semble, mon père, que vous avez été injuste et trop sévère dans telle occasion? Vous avez abusé de votre autorité. Vous avez montré de la partialité ou de la haine . etc., etc.*

Quelque durs et amers que soient ces reproches, l'abbé ne manque pas d'y répondre avec douceur. Le démon est le grand cheval de bataille auquel il attribue toutes ces coupables pensées, en exhortant fortement les pénitens à les chasser de leur esprit. S'il a jugé à propos d'être sévère et partial envers quelqu'un, c'était dans l'intérêt de son salut, etc.

NOTE XII.

page 82, ligne 6.

On vous répondra à temps et à contretemps, en particulier et en public.

C'est ce qu'on appelle la confession publique et réciproque, voici en quoi elle consiste.

Tous les jours après l'office de prime, les religieux de la Trappe se rassemblent dans une salle
qu'on appelle chapitre, et là, après la lecture du
Martyrologe et d'un chapitre de la règle, chacun
se prosterne de tout son long, et s'occupe des
fautes qu'il a commises le jour précédent. Chaque religieux doit s'accuser et accuser les autres
à son tour, ce qui est ordinairement une source
de haine; car tous les jours il leur arrive de s'entre accuser l'un l'autre avec aigreur, et souvent
malicieusement.

NOTE XIII.

page 94, ligne 22.

Frères donnés ou du tiers ordre.

En outre la réforme apportée dans les réglemens
de la Trappe. L'abbé crut qu'il y allait de son
honneur de faire des innovations qui le missent
sur la ligne de Saint-Bernard, dont, à plusieurs occasions, il se montra passablement jaloux; pour
cela, il fonda *le tiers ordre.*

Ce sont des colléges annexés aux couvens de
Trappistes, présidés par un père du grand ordre,
instruits par des professeurs qui font des vœux

solennels ; mais qui suivent un régime un peu plus doux que le reste des Trappistes.

Cet établissement a pour but de populariser en quelque sorte la Trappe, de calmer l'effroi qu'elle cause d'abord en montrant un régime moins austère. Il a singulièrement contribué à augmenter le nombre des Trappistes, en attirant dans chaque couvent, beaucoup de néophytes qui, reçus d'abord dans le *tiers ordre*, pendant un an, prennent ainsi l'habitude de la maison et finissent par se familiariser avec les austérités de la Trappe proprement dite.

Aussi, n'est-il pas de soins, de peines, que l'abbé ne se soit donnés pour l'établir; les moyens qu'il a mis en œuvre, l'argent qu'il a employé, sont incroyables. Il a mis à contribution, pour atteindre ce but, tous les souverains près desquels il a eu accès, et les aumônes de l'Europe entière, qu'il a parcourue plusieurs fois, dans tous les sens.

page 118, ligne 4.

Les Trappistes font des élèves ! ! ! !

Les élèves Trapistes sont de deux sortes : ceux dont on fait l'éducation, et ceux qui se donnent à l'ordre. Ces derniers deviennent, en quelque sorte, la propriété de la maison. On les envoie à deux cents lieues, si bon semble, et leurs parens n'ont plus droit de les réclamer. *Mon cher ami,* leur dit-on ; *du jour que vous vous êtes offert à Dieu dans son temple, du jour que vous avez enveloppé vos mains dans la nappe de l'autel, vous n'avez plus ni père ni mère sur la terre, votre père est dans les cieux, et votre mère est la Trappe.*

Cet usage était reçu du vivant de Saint-Benoit ; mais alors on n'enveloppait les mains dans la nappe de l'autel, que des enfans dont les père et mère étaient morts, ou renonçaient volontairement à leur propriété ; et alors ces enfans abandonnés étaient regardés comme *appartenant* pour toujours à la maison ; c'est pourquoi Saint-Benoît se permettait de les traiter si durement, comme il paraît dans sa règle écrite par lui-même , et dans sa vie écrite par Saint-Grégoire-le-Grand.

Présentement il paraît que la Trappe emploie moins de formalités pour s'emparer de ces enfans, et que leur adhésion formelle suffit. J'ai ouï citer le trait suivant, comme un exemple mémorable de vocation religieuse.

Un père vint un jour demander son enfant dont il avait payé les alimens. On le lui amena ; l'enfant pleurait et ne voulait pas le suivre ; le père l'embrassa et le caressa ; mais l'enfant ne fut pas plus ému ; il voulut l'entraîner, mais celui-ci s'accrocha à la ceinture de son maître , le père irrité et désolé lui dit : *Va malheureux , je ne te reconnais plus pour mon fils.* Alors l'enfant, d'un air serein et satisfait, se rappelant la leçon qui lui avait été faite, prit le haut de son chapelet, et en portant la médaille à sa bouche, dit : *Pater meus et mater mea derelinquerunt me , dominus autem assumpsit mihi.*

NOTE XV.

page 119, ligne 2.

En quoi consiste l'éducation des élèves. Trappistes.

On fit paraître, à diverses époques, des prospec-

tas, où l'on annonçait que l'on enseignerait à la
Trappe, le latin, les mathémathiques, les langues
étrangères, les sciences physiques, et jusqu'aux arts
d'agrément, tels que le dessin, la musique, etc.;
mais la plupart de ces promesses ne se sont pas
réalisées. Voici en quoi consiste le fond de cette
éducation, le latin et les langues étrangères, pour
pouvoir aller parcourir tous les différens pays de
l'Europe. Puis on leur montre à parler par signes,
à faire de longues prières, et de longues médita-
tions, auxquelles ils comprennent peu de chose.
On les fait se retourner, s'incliner, se capu-
chonner et décapuchonner, fléchir, se lever,
tenir les bras en croix, prendre le repas à terre,
se prosterner tout du long à la porte de l'église,
à l'étude, au réfectoire, et par une allégorie assez
singulière, ils se couchent de travers, le long du
seuil des portes, pour qu'on leur pose le pied sur
le corps, et qu'ils servent ainsi, *de degrés* à
ceux qui vont prier ou travailler à l'oratoire.

NOTE XVI.

page 147, ligne 2.

L'évêque du diocèse ou elle est située.

Honneur soit rendu à M. *Alexis de Saussoles*,
évêque de Séez, pour la courageuse persévé-

rance avec laquelle il a combattu les innovations ambiteuses et inhumaines du nouveau réformateur de la Trappe ; c'est en vain, que dans
le dépit d'une ambition déçue, on osa accuser le
vénérable prélat, de n'avoir *ni religion*, *ni foi*, *ni
piété*.

L'assentiment formel donné publiquement par
le pape, à tout ce que fait M. l'évêque de Séez,
serait la meilleure réponse aux déclamations in-
décentes que l'on s'est permises contre lui. Si le
cri de sa conscience et l'approbation de tous les
gens de bien ne lui eussent assez fait connaître
qu'il avait rempli son devoir de chrétien et d'hon-
nête homme. Puissent les évêques, des dio-
cèses, dans lesquels sont établis d'autres couvens
de Trappistes, imiter son courageux et vertueux
exemple.

FIN.

IMPRIMERIE DE CONSTANT - CHANTPIE,
rue Sainte-Anne, N°. 20.

VÜE DE LA TRAPPE.